DRC

国务院发展研究中心 研究丛书2015

Development Research Center of the State Council

丛书主编 ▪ 李 伟

绿色发展
体制机制与政策

吕 薇 等著

GREEN DEVELOPMENT: INSTITUTIONAL MECHANISM AND POLICIES

图书在版编目（CIP）数据

绿色发展：体制机制与政策/吕薇等著. —北京：中国发展出版社，2015. 8

（国务院发展研究中心研究丛书. 2015 / 李伟主编）

ISBN 978-7-5177-0365-5

Ⅰ. ①绿…　Ⅱ. ①吕…　Ⅲ. ①绿色经济—经济发展—研究—中国　Ⅳ. ①F124. 5

中国版本图书馆 CIP 数据核字（2015）第 169170 号

书　　　名：绿色发展：体制机制与政策
著作责任者：吕　薇　等
出 版 发 行：中国发展出版社
（北京市西城区百万庄大街 16 号 8 层　100037）
标 准 书 号：ISBN 978-7-5177-0365-5
经　销　者：各地新华书店
印　刷　者：北京科信印刷有限公司
开　　　本：710mm×1000mm　1/16
印　　　张：17. 75
字　　　数：175 千字
版　　　次：2015 年 8 月第 1 版
印　　　次：2015 年 8 月第 1 次印刷
定　　　价：45. 00 元
联 系 电 话：（010）68990642　68990692
购 书 热 线：（010）68990682　68990686
网 络 订 购：http：//zgfzcbs. tmall. com//
网 购 电 话：（010）68990639　88333349
本 社 网 址：http：//www. develpress. com. cn
电 子 邮 件：fazhanreader@163. com

DRC

2015

国务院发展研究中心研究丛书

编　委　会

“绿色发展的体制机制与政策研究”课题组

课题负责人

吕　薇　国务院发展研究中心技术经济研究部部长、研究员

课题协调人

沈恒超　国务院发展研究中心技术经济研究部第一研究室主任、副研究员

戴建军　国务院发展研究中心技术经济研究部第三研究室主任、研究员

课题组成员

田杰棠　国务院发展研究中心技术经济研究部副部长、副研究员

杨　超　国务院发展研究中心技术经济研究部主任科员、助理研究员

石　光　国务院发展研究中心办公厅主任科员、副研究员

熊鸿儒　国务院发展研究中心技术经济研究部主任科员、助理研究员

张亚雷　同济大学可持续发展与新型城镇化智库常务副主任、教授、博士生导师

王　倩　同济大学可持续发展与新型城镇化智库特聘研究人员、工程硕士

秦同娣　同济大学可持续发展与新型城镇化智库科研助理、硕士

郭美婷　同济大学环境科学与工程学院讲师、博士

齐　谦　北京大学光华管理学院博士研究生

总　序

推进高端智库建设　引领中国经济新常态

国务院发展研究中心主任、研究员　李伟

去年，中央提出我国经济发展进入“新常态”的重要判断。认识新常态，适应新常态，引领新常态，成为当前和今后一个时期我国经济发展的大逻辑。

一年来，面对错综复杂的国际国内环境，在经济下行压力加大、经济发展结构性矛盾凸显的形势下，党中央、国务院带领全国各族人民和干部群众，全面贯彻党的十八大和十八届三中、四中全会以及中央经济工作会议精神，坚持稳中求进的工作总基调，加强和创新宏观调控，深入推进改革开放，力求实现稳增长、促改革、调结构、惠民生、防风险的综合平衡。同时，重点推进“一带一路”、京津冀协同发展、长江经济带重大发展战略，大力推进“中国制造2025”的工业强国战略和“互联网＋”行动计划，鼓励和促进“大众创业、万众创新”。这些战略部署和政策措施取得了积极成效，在一定程度上对冲了经济下行压力。从今年上半年各项经济指标看，经济增长与预期目标相符，结构调整继续推进，农业形势持续向好，发展活力有所增强。同时，经济下行压力依然较大，一些企业经营困难，经济增长新动力不足和旧动力减弱的结构性矛盾依然突出，需要我们继续保持战略定力，持之以恒地推动经济结构战略性调整；

同时加强危机应对和风险管控，及时发现和果断处理可能发生的各类矛盾和风险。

一年多来，国务院发展研究中心对我国经济进入新常态问题进行了深入研究。我们认为，新常态是我国经济运行度过增速换挡期、转入中高速增长后的一种阶段性特征。我国经济发展进入新常态，符合后发追赶型国家经济发展的一般规律，是后发优势的内涵与强度、技术进步模式发生变化后的必然结果，其实质是追赶进程迈向更高水平的新阶段。

新常态下的经济发展，增长速度已经不是核心问题，关键是要提质增效。只有做好认识新常态、适应新常态、引领新常态的大文章，才能实现我国经济向形态更高级、分工更复杂、结构更合理的阶段转换。而实现这一阶段转换的重要标志，一是经济体制改革的阶段性任务基本完成，二是结构调整及发展方式转变取得实质性进展，三是新的经济增长动力基本形成。如果不能完成这样的转换，我们的“两个一百年”目标将很难实现，也难以跨越类似一些拉美国家曾经遭遇的“中等收入陷阱”。

新常态下，风险、挑战与机遇并存。一方面，我们要看到，过去30多年中国经济在快速增长的同时，也积累了不少风险。在经济快速增长时期这些风险往往被掩盖，一旦速度降低后可能会逐渐暴露出来。制造业严重的产能过剩问题，面临资产重组和结构调整，不可避免地会引发产业更替、企业劣汰、员工转岗。在地方政府性债务、影子银行、房地产、企业互联互保等方面都潜伏着不少风险，“高杠杆、泡沫化”，最终都会向财政金融领域聚积。同时，当经济达到中等收入水平之后，不仅经济问题会更加复杂，政治、社会问题也会更加突出。人们的温饱问题基本解决之后，就会对公平、正义提出更高的要求，相应的政治诉求也会不断提升，过去长期存在的贫富差距问题、腐败问题、环境问题、食品安全问题、社会信用缺失问题等，都有可能成为引发社会动荡的诱因。一旦社会稳定不能得到有效维持，追赶进程就会被迫放缓甚至中断。

在看到风险与挑战的同时，我们更应重视新常态下蕴藏着的新机遇。经济发展进入新常态，没有改变我国发展仍处于可以大有作为的重要战略机遇期的判断，改变的是重要战略机遇期的内涵和条件；没有改变我国经济发展总体向好的基本面，改变的是经济发展方式和经济结构。经济结构调整难免阵痛，但调整成功了就会提升资产质量，提升产业结构，并创造新的工作岗位和更大的价值。虽然一些传统产业需求饱和了，面临转产调整，但一些新兴技术、新的业态和新的需求正在涌现，供给创造需求的空间十分巨大。虽然国际市场对我国传统出口商品的需求增长放缓了，但我们利用装备能力、产业配套能力和资本输出等优势，在新一轮国际分工中，迎来向产业链中高端迈进的历史机遇。保护环境、治理污染表面看会增加成本，但提供需求快速增长的生态产品，走低碳、绿色发展道路，环保技术、新能源等领域则会带来新的增长动力。

总之，中国经济发展所处的新常态，既是由过去时发展而来的现在时，更是蕴含着巨大变革和创新活力，迈向历史发展新阶段的未来时。在这个演化过程中，认识新常态很重要，适应新常态也很重要，但更重要的是引领新常态，推动中国经济发展迈上新台阶。作为直接为党中央、国务院重大决策提供研究咨询服务的智库机构，国务院发展研究中心应该、也有信心能够对此发挥重要而独特的作用。

当前，国务院发展研究中心自身的建设与发展正在迎来一个新的历史机遇期。继2013年4月和2014年1月习近平总书记两次对国务院发展研究中心有关智库建设工作的报告作出重要批示之后，今年1月中办、国办公布的《关于加强中国特色新型智库建设的意见》将中心列为第一批国家高端智库建设试点单位，同时又列为负责联系协调智库的党政所属政策研究机构。我们深感使命光荣、责任重大、前景广阔。

在这样的背景下，“国务院发展研究中心研究丛书”连续第六年与读者见面了。今年的中心研究丛书包括19部著作，集中反映了过去一年多中心的优秀研究成果。其中，《信息化促进中国经济转型升级》全面、深入地研究了新一代信息技术正在对产业结构产生的深刻影响，分析了信息化推动中国经济转型升级的有利条件与挑战，并提出了实施信息化推动经济转型升级的“2+2”战略及政策建议，有助于人们理解和落实2015年政府工作报告提出的“互联网+”和“中国制造2025”战略；《国家（政府）资产负债表问题研究》《支撑未来中国经济增长的新战略性区域研究》等10部著作，是国务院发展研究中心各研究部（所）的重点研究课题报告；还有8部著作是优秀招标研究课题报告。

不久前，国务院发展研究中心刚刚度过了35岁生日，正从“而立”走向“不惑”。根据我们已经上报中央的国家高端智库建设试点方案，中心将实施“政策研究与决策支持创新工程”，推进研究提质、人才创优、国际拓展、保障升级四大计划。我们真诚地欢迎读者朋友们对这套丛书不吝批评、指正，提出宝贵的意见和建议；并热切地期待在今后的工作中继续得到社会各界的关心、支持与帮助，使我们在建设国际一流的中国特色新型智库、服务于改革开放和经济社会发展、推动国家治理现代化的道路上不断进步，为国家、为社会作出更大的贡献。

2015年8月1日

前言 Preface

党的十八大报告指出，建设生态文明是关系人民福祉、关乎民族未来的长远大计，提出“要着力推进绿色发展、循环发展、低碳发展，形成节约资源和保护环境的空间格局、产业结构、生产方式、生活方式，从源头上扭转生态环境恶化趋势，为人民创造良好生产生活环境，为全球生态安全作出贡献”。绿色发展是资源节约、环境友好型的发展方式，旨在经济增长与污染排放减少、资源节约及环境改善之间形成相互促进关系。

建设生态文明，实现绿色发展是我国经济社会健康持续发展的重要任务。随着工业化、城镇化进程加快和消费结构升级，我国能源需求和资源消耗呈刚性增长，经济社会发展面临的资源和环境约束更加突出。同时，大气、水和土壤污染成为影响人民生活和健康的重要因素，受到社会普遍关注。从国际上看，围绕能源安全和气候变化的博弈更加激烈，发展绿色技术争夺发展制高点的竞争加剧。因此，为实现经济社会健康持续发展，保障广大人民群众的生活环境美好，我国迫切需要加快绿色发展步伐，提高产品、服务的国际竞争力，以及国际形象。党中央、国务院高度重视绿色发展和生态环境保护，把节约资源、保护环境和建设生态文明作为基本国策。

绿色发展是一项复杂的系统工程和长期任务，涉及经济社会、产业发展和科技进步等各方面，实现绿色发展的关键是营造有效的体制机制和政策环境。2014 年，国务院发展研究中心技术经济部组织开展重点课题“绿色发展的体制机制和政策研究”。本项研究从地区经验、典型领域和国际经验几个方面，研究绿色发展的体制机制和政策。选择北京、上海、深圳 3 个城市，研究地方绿色发展的典型经验；对清洁煤、热电联产、废弃物回收再利用等领域进行了研究；还系统梳理了一些发达国家推进绿色发展的体制机制和政策。

研究表明，“十二五”以来，国家经济与社会发展规划增加了资源节约利用、环境保护的约束性指标，政府出台一系列更加严格的环境保护标准和更综合的政策措施，明确了节能降耗和减排的责任制。全国人大加快了环境保护方面的立法和修法工作，制定了比较严格的环境保护和生态治理制度和处罚条款。一些地方政府因地制宜地探索如何推进绿色发展的体制机制和环境治理模式，提供了不少好经验。但是，总体来看我国的环境保护形势不容乐观，绿色发展任重道远。主要影响因素还是一些体制机制和政策方面的问题。一是部门分割，缺乏统筹规划，工作机制不完善，区域之间联动机制缺失。二是执法监管责任落实不到位，执法人员和投入不足，有法不依，执法不严，许多地区的环评形同虚设。三是生态环境保护手段以行政管制为主，正向激励不足，政策不配套，制约了节能减排和生态环境保护的积极性。四是标准缺失或不合理，科技支撑和服务薄弱，绿色技术创新投入不足，新技术推广缓慢。五是企业和公民在生态保护中的主体责任不落实。与发达国家相比，我国的生态环境保护和治理还处于比较粗放发展的阶段，通过政策调整和精细化管理，还有较大的提升空间。因此，要进一步提高环境保护的意识，全面理解绿色发展的内涵，加强顶层设计和统筹协调，依法保护和治理。要统筹生态环境预防与保护和修复的关系，统筹各种自然资源的保护与开发和循环利用的关系，统筹供给与需求、生产与消费全过程的绿色发展，统筹中央部门和中央与地方的规划和政策。要处理好政府与市场的关系，既要有效发挥政府的作用，又要发挥市场机制的作用；既要严格监管又要有效激励，运用法律、行政、经济等多种手段综合施策，促进个体效益与整体效益相一致。要坚持社会成本效益的原则，从社会整体利益出发，建立全寿命期的资源利用效率和环境影响效果评价体系，提高决策的科学性。保护生态环境人人有责，需要政府部门、企业、公民和社会各界共同努力，必须明确各责任主体的责权利，建立谁污染谁担责、谁受益谁补偿、谁环保谁获益的奖惩机制。

本书是在上述研究基础上完成的，全书共分八章。吕薇撰写

“第一章 绿色发展的体制机制和政策研究综述”；沈恒超撰写“第二章 北京市绿色发展的体制机制与政策”；田杰棠撰写“第三章 深圳市促进绿色发展的典型经验与体制机制研究”；上海同济大学的张亚雷、王倩、秦同娣、郭美婷撰写“第四章 上海市绿色发展的体制机制创新与实践”；戴建军撰写“第五章 促进煤炭清洁高效利用的政策研究”；石光撰写“第六章 我国热电联产的发展现状、主要问题和建议”；杨超撰写“第七章 我国废弃物回收再利用的制度和政策研究”；熊鸿儒撰写“第八章 体制机制视角下的绿色发展国际经验及政策启示”。

绿色发展的体制机制和政策涉及面广、专业性较强，我们的研究还刚起步，希望与广大读者分享我们的阶段性研究成果。由于我们的知识有限，本书难免有不当之处，欢迎大家提出宝贵意见。

吕 薇

2015年6月7日

目录
Contents

第一章

绿色发展的体制机制和政策研究综述

绿色发展是资源节约、环境友好型的发展方式。经济合作发展组织（OECD）认为，“绿色增长是指在确保自然资产能够持续为人类幸福提供各种资源和环境服务的同时，促进经济增长和发展”。“绿色增长”作为一种增长和发展方式，“既追求经济增长和发展，又防止环境恶化、生物多样性丧失和不可持续地利用自然资源”；既强调经济与环境协调发展，又强调通过“改变消费和生产模式，完善社会福利、改善人类健康状况、增加就业，并解决与此相关的资源分配问题”。① 根据世界银行的观点，绿色发展是有别于传统发展模式的新型发展模式，是一场深刻而全面的发展理念、生产模式和消费模式的变革。绿色发展是使经济增长摆脱对高排放、高资源消耗和环境破坏的依赖，并在经济增长与碳排放

① OECD. Towards Green Growth ［R］. OECD Meeting of the Council，2011.

减少、资源节约及环境改善之间形成相互促进关系的一种可持续发展方式。[①]绿色发展涵盖的内容广泛，包括节能减排、资源循环利用（可再生资源的利用、资源循环利用和再制造等）、生态环境改善和修复（森林覆盖率、水的净化等）等。

随着工业化、城镇化进程加快和消费结构升级，我国能源需求呈刚性增长，我国经济社会发展面临的资源环境瓶颈约束更加突出。同时，大气、水和土壤污染成为影响人民生活和健康的重要因素，受到社会普遍关注，党中央、国务院也高度重视生态环境保护和绿色发展。尽管中国已经实行了严格的节能减排措施，各地区、各部门围绕大气、水体和土壤污染治理，加大环境保护工作力度，着力解决突出环境问题，主要污染物排放强度持续下降，取得积极进展，环境质量状况有所改善，但生态环境保护形势依然严峻，面临不少困难和挑战，污染治理任务仍然艰巨。中国已成为世界能源消耗大国，碳排放总量位居世界第一位，环境恶化和资源消费的经济代价约占国民总收入（GNI）的9%，约比韩国和日本高10倍。[②]截至2013年，中国GDP占全球12%，能源消费量占全球22%，碳排放量接近全球30%；全球碳排放增量中有60%来自中国。

从分项来看，一是全国水环境质量不容乐观。长江、黄河、珠江、松花江、淮河、海河、辽河、浙闽片河流、西南诸河和西北诸

---

①② 世界银行、国务院发展研究中心联合课题组：《2030年的中国：建设现代、和谐、有创造力的高收入社会》，中国财政经济出版社2013年版。

河十大水系中，Ⅰ～Ⅲ类、Ⅳ～Ⅴ类和劣Ⅴ类水质的断面比例分别为71.7%、19.3%和9.0%。在监测营养状态的61个湖泊（水库）中，富营养状态的湖泊（水库）占27.8%。在4778个地下水监测点位中，较差和极差水质的监测点比例为59.6%。二是近岸海域水质总体一般。三、四类海水点位比例为15.0%，劣四类海水点位比例为18.6%。三是城市环境空气质量形势严峻。依据新的《环境空气质量标准》（GB 3095－2012），74个新标准监测实施第一阶段城市环境空气质量达标城市比例仅为4.1%。四是土地环境形势依然严峻。全国年内净减少耕地面积8.02万公顷。全国现有土壤侵蚀总面积2.95亿公顷，占国土面积的30.7%。[①]

从国际上看，围绕能源安全和气候变化的博弈更加激烈，我国面临来自发达国家和发展中国家的压力，节能减排和生态保护关系到我国的国际形象。2012年，中国政府向世界各国承诺2020年单位GDP排放比2005年减少40%～45%，并在2030年达到总排放量的高峰值。同时，国际上贸易保护主义抬头，部分发达国家凭借技术优势开征碳税并计划实施碳关税，绿色贸易壁垒日益突出。我国迫切需要提高绿色发展的水平，提高产品、服务的国际竞争力。

党的十八大报告提出，建设生态文明是关系人民福祉、关乎民族未来的长远大计。要坚持节约资源和保护环境的基本国策，

① 参见《环境保护部发布〈2013年中国环境状况公报〉，李干杰出席新闻发布会并答记者问》，载于《中国环境报》，2014－06－05。

坚持节约优先、保护优先、自然恢复为主的方针，着力推进绿色发展、循环发展、低碳发展，形成节约资源和保护环境的空间格局、产业结构、生产方式、生活方式，从源头上扭转生态环境恶化趋势，为人民创造良好生产生活环境，为全球生态安全作出贡献。并从优化开发格局、促进资源节约、加大保护力度、加强制度建设四个方面具体部署生态建设。十八大报告高度概括了绿色发展的内涵，为绿色发展提出了明确方向。而如何将绿色发展真正落到实处，需要体制机制和政策的推动与保障。

一、我国绿色发展的体制机制和主要举措

1. 加快立法和修法工作，依法保护

目前，我国已逐步形成了以生态环境保护和资源循环利用为主的法律体系。“十一五”以来，加快了环境保护方面的立法和修法工作，出台了《循环经济促进法》，对《循环经济促进法》《食品安全法》《清洁生产促进法》《环境保护法》《刑事诉讼法》等进行了重大修订，《大气污染防治法》正在修改中。提高了对破坏环境的处罚力度，将严重损坏环境的行为纳入《刑法》；加强生态环境保护的社会监督、信息公开，《环境保护法》增加了公益诉讼条款。目前，已经形成了《环境保护法》《大气污染防治法》《可再生能源法》《循环经济促进法》《节约能源法》《清洁生产促进法》《水土保持法》等，与生态环境保护相关的法律体系。

“十二五”以来，国务院相关部门持续开展整治违法排污企业保障群众健康环保专项行动，全国共出动执法人员183万人次，查处违法问题6499件，挂牌督办1523件，环保部门向公安机关移送涉嫌环境污染犯罪案件近700起。[①] 近些年来在执法方面，加强了对环境污染的司法审判力度。最高人民法院设立资源环境审判法庭，发布环境民事公益诉讼司法解释，2014年各级法院审结资源开发、环境保护民事案件3331件。江苏省高院审结泰州市环保联合会提起的环境民事公益诉讼案，判处6家企业赔偿环境修复费1.6亿元。[②]

2. 加强计划约束性指标，强化目标责任制和问责制

国民经济和社会发展第十二个五年规划中增加了资源节约利用和环境保护的约束性指标，提高了强度要求。“十二五”期间，针对节能减排、环境治理等，国务院及相关部门集中力量开展各种节能减排行动计划。如，国务院印发了《“十二五”节能减排综合性工作方案》《节能减排“十二五”规划》《“十二五”控制温室气体排放工作方案》《大气污染防治行动计划》等，对各项工作进行部署安排。2014年3月，国务院召开节能减排及应对气候变化工作会议，原则通过了《2014－2015年节能减排低碳发展行动方案》，进一步要求用硬措施完成节能减排硬任务。“十二五”以来共发布节能国家标准105项，各类环保标准270项。针对雾霾污染，出台了细颗粒物、工业有机废气净化处理技术规范等15项指

① 徐绍史：《国务院关于节能减排工作情况的报告》，载于中国人大网，2014－04－21。
② 周强：《最高人民法院工作报告》，载于中国人大网，2015－03－15。

导性技术文件；对重点区域火电、钢铁、水泥以及燃煤锅炉实行大气污染物特别排放限值；开展能效标识、能源计量器具配备等专项检查等。

完善节能减排目标责任评价考核办法，国家每年对省级人民政府和中央企业进行评价考核，公告考核结果。综合考虑各地区经济发展水平、产业结构、资源环境禀赋等，差别化地将节能减排目标分解落实到各省（区、市）、万家重点用能单位和 8 家中央企业。2013 年起，开始实行地区能耗总量和单位 GDP 能耗强度双控考核；2014 年起，开始通过更严格的手段控制能源消费增量，开展节能减排目标责任评价考核，用更严格的手段控制节能减排。对考核结果为未完成的地区，有关负责人在考核结果公布后 1 年内不得评优树先和提拔重用，必要时由国务院领导同志约谈省级人民政府主要负责人，并暂停该地区新建高耗能项目的节能评估审查和新增主要污染物排放项目的环评审批。“十二五”前两年先后对 3 家中央企业、3 个省（区）、6 个城市实施环评限批推动重点领域节能减排。①

3. 加强宏观调控，调整价格、财税、金融等政策

实施成品油价格形成新机制。先后出台支持油品质量升级价格政策，提高可再生能源电价附加标准；推行脱硝除尘电价、居民用电用水阶梯价格等。实施原油、天然气资源税从价计征改革，

① 徐绍史：《国务院关于节能减排工作情况的报告》，载于中国人大网，2014－04－21。

取消“两高一资”产品出口退税，利用国际石油价格下降的机会增收燃油税。

中央预算内投资和中央财政加大对节能减排工作的支持力度，在18个城市开展节能减排财政政策综合示范。在节能、节水、环保等领域按规定实行增值税、所得税减免优惠，健全和完善对生态保护区的生态保护补偿机制，扩大补偿范围，增加补偿力度。

在11个试点省份排污权有偿使用和交易累计超过30亿元。大力推行绿色信贷，到2013年底，21家主要银行绿色信贷余额达5.2万亿元，支持节能环保企业债务融资近3300亿元。

4. 化解过剩产能，加强技术改造，优化产业结构

国务院印发《关于化解产能严重过剩矛盾的指导意见》，明确了化解产能严重过剩矛盾的工作目标、主要任务和政策措施。积极优化能源结构，非化石能源占一次能源消费比重达到9.8%。遏制“两高”行业盲目新增产能，严把能评、环评、用地审查关，通过能评审查核减能源消费量约2000万吨标准煤，对103个项目不予环评审批。加快淘汰落后产能，关停小火电机组1800万千瓦，预计淘汰落后产能炼铁4533万吨、炼钢4564万吨、水泥4.87亿吨、平板玻璃11147万重箱。[①] 加快发展服务业，2013年服务业增加值占国内生产总值比重达到46.1%，首次超过第二产业。国务院印发《关于加快发展节能环保产业的意见》，推广节能环保产

① 徐绍史：《国务院关于节能减排工作情况的报告》，载于中国人大网，2014-04-21。

品，加快实施重点工程，促进节能环保产业发展水平全面提升。

实施重点工程。安排资金支持节能技术改造、节能产品惠民工程、企业能源管理中心建设、城镇污水处理设施及配套管网建设等，引导社会各界加大资金投入。项目全部建成后可形成节能能力约1.75亿吨标准煤，新增城镇污水日处理能力2900万吨，燃煤电厂投运脱硫机组累计达到7.5亿千瓦、占火电总装机的90%以上，投运脱硝机组4.3亿千瓦、占火电总装机的50%，新型干法水泥脱硝比例达50%。[①]

加快节能减排技术、产品开发与推广。实施节能减排科技专项行动，半导体照明、超临界循环流化床锅炉、烟气脱硫脱硝等一批关键技术取得突破，低温余热发电、稀土永磁无铁芯电机等一批先进技术和产品得到大范围推广应用。发布6批国家重点节能技术推广目录，大力推行政府节能采购。实施"节能产品惠民工程"，推广节能汽车700万辆、高效照明产品2.2亿只、高效节能家电9600万台（套）、高效电机2000多万千瓦、再制造产品110万台。[②]

5. 在重点领域开展各种绿色行动计划，推动绿色生产和消费

组织开展万家企业节能低碳行动，节能2.2亿吨标准煤。实施工业能效提升行动，规模以上工业单位增加值能耗降低15%。开展绿色建筑行动，新建建筑节能标准执行率基本达到100%，新建绿色建筑1.4亿平方米，完成既有建筑节能改造6.2亿平方米。实

---

①② 徐绍史：《国务院关于节能减排工作情况的报告》，载于中国人大网，2014-04-21。

施车船路港千家企业节能低碳行动，淘汰老旧机动车406万辆；在部分地区试行国家第四阶段机动车污染排放标准（简称“国四排放标准”）。开展节约型公共机构示范单位建设，公共机构人均能耗下降10.9%。推动宾馆、商场、零售业节能减排和清洁生产。推进农村环境连片整治，2.7万家规模化畜禽养殖场实施废弃物处理和综合利用工程。①

促进循环经济发展。国务院印发《循环经济发展战略及近期行动计划》，促进循环经济的产业体系逐渐完善。开展循环经济示范试点，“十二五”以来，遴选出60个循环经济典型模式并予以推广；支持开展39个“城市矿产”示范基地建设、50个园区的循环化改造、66个城市的餐厨废弃物资源化利用、40个循环经济示范县（市）建设、40家矿产资源综合利用示范基地建设和40个国家循环经济标准化试点。实施资源综合利用“双百”工程（100个示范基地、100个骨干企业），建成后可形成大宗固体废弃物综合利用能力2亿吨。②

6. 地方政府在绿色发展方面创造了经验

地方政府积极开展绿色发展的试点和体制机制创新。一是在贯彻落实国家“十二五”规划确定的资源节约利用和环境保护的约束型指标基础上，因地制宜增加了相应的绿色发展指标。如，土地产值率、空气质量、城市公交出行率、污染物处理和环境保

①② 徐绍史：《国务院关于节能减排工作情况的报告》，载于中国人大网，2014－04－21。

护投入等方面的指标。二是从城市规划到产业布局、城市管理，体现绿色发展的理念。如，深圳积极建设绿色低碳试点园区，将碳排放约束融入城区和产业规划。三是部分地方政府探索绿色发展的体制机制试点，积累了经验，取得了较好的效果。如，北京、上海、深圳等11个城市开展了排污权有偿使用和交易市场试点；上海实行绿色账户试点，发挥社区组织在垃圾分类处理中的作用。四是与智能城市管理相结合，实行节能减排目标责任制和市场机制双轮驱动。重点加强对城市污水和尾气排放、垃圾处理的监控；通过阶梯价格引导水、气、电、热的消费。五是加强产业结构调整和现有企业技术改造。通过准入限制、能评环评，关停搬迁、升级改造等措施，从源头控制新增产业的污染物排放和能耗；通过合同能源管理，提高节能减排效率。

总体上看，经过各级政府、众多企业和广大人民群众的共同努力，“十二五”以来，我国环境保护和资源节约取得了比较明显的效果，见表1.1。

表1.1　“十二五”资源节约利用和环境保护

指标名称		前4年完成情况			
		2011年	2012年	2013年	2014年
能耗强度降低（%）		2.01	3.6	3.7	4.8
二氧化碳排放强度降低（%）		1.49	5.19	4.36	6.2
主要污染物排放总量减少（%）	化学需氧量	2.04	3.05	2.93	2.47
	二氧化硫	2.21	4.52	3.48	3.4
	氨氮	1.52	2.62	3.14	2.9
	氮氧化物	-5.73	2.77	4.72	6.7

续表

指标名称	前4年完成情况			
	2011年	2012年	2013年	2014年
万元工业增加值用水量（m^3）				63.5
城市污水处理率（%）				90.15
城市生活垃圾无害化处理率（%）				90.3
新增城市建设用地（万公顷）				60.00

数据来源：2011~2014年政府工作报告。

二、我国绿色发展体制机制和政策中存在的主要问题

我国的节能减排、生态环境保护取得积极进展，但形势依然严峻。总体来看，顶层统筹规划不够，政策缺乏协调和配套性；法律体系尚不健全，执法不严；目标责任和考核评价制度不完善，监管工作机制不健全，缺少区域联防联控；重末端治理，轻源头预防，尚未建立有效的公众参与机制等。

1. 部门分割，缺乏统筹规划，工作机制不完善

在管理体制上，中央部门分割，中央和地方分割。由于部门分割，缺乏统筹协调机制，部门规划往往是铁路警察各管一段，决策也是就事论事。部门规划存在局部与整体、眼前与长远、环境与发展、生产与消费、城市与乡村相分离的现象。产业发展规划与资源承载能力及环境容量脱节，评价、规划、建设与管理脱节。城市管理各自为政，重硬件、轻软件；重治理、轻过程监管；重污染防治、轻生态服务；重市政基础设施、轻生态基础设施的

整合和社会管理。

区域之间缺乏联动机制。如，大气污染防治具有联防联控的特点，但实践中缺乏区域协同控制大气污染的统一规划，地区间车用燃油品质、污染物排放标准等环保、能耗标准不统一，缺乏统一的区域产业准入目录，执法力度差别较大。区域重污染天气的监测预警机制尚不健全，环境空气质量监测、污染源监测的信息尚未能完全共享。综合防治污染的政策措施不完善，对多种污染物协同控制不够，难以实现对污染物排放的有效控制。

2. 执法监管责任落实不到位，投入严重不足

一是部分地方政府及部门环境监管责任落实不到位。甚至有些地方为了发展地方经济，存在执法不严、违法不究、以罚代管等问题，违法排污行为得不到有效遏止。一些地方排污费收取不规范，存在少征、漏征现象。

二是环保监管人员和投入不足。如美国国土面积与我国接近，人口约为我国的1/4，但联邦和州两级政府的环保人数超过7万，远高于我国的水平。美国联邦环境保护署（EPA）的人数约为我国环境保护部的6倍，而我国地方环保部门的人员与美国差距约10倍。[①] 尤其基层监管能力严重不足，调查难、取证难、查处难问题突出。污染点多面广，基层环保执法力量薄弱，监管手段落后，存在“小马拉大车”现象。2013年，环境保护部接到的举报案件

① 石光：《环境监管需加强力量，重心上移》，载于《中国经济时报》，2013－08－08。

中，大气污染类占 73%，但在全年查处案件中大气污染类仅占 12%。[①]

三是部门分散管理导致政策之间不配套，甚至冲突。由于多头管理，监管职责不够明确，在管理中存在交叉管理和管理空白并存。在工作机制设计上缺乏统筹协调，往往是有利的大家抢着管，无利的大家躲着不管。如，环境保护、治理，以及资源的循环利用等分散在不同的部门管理，环境检测由环境保护部负责，制定标准由质检总局负责，发电和大环保项目建设审批权在发展改革委，绿色制造由工业主管部门负责等。据有关部门统计，《大气污染防治法》规定的 52 项管理职能中，有 20 项没有明确管理部门[②]。而有的管理职能存在交叉情况，出现互相扯皮，降低了管理效率。比如，机动车管理职能涉及环保、公安、工业、交通、质检等 13 个部门；热电联产的管理职能也分散在发展改革委、住房城乡建设部等多个部委。

四是环评形同虚设。多数环评流于形式和走过场，一些环评仅是为建设项目和规划开绿灯。甚至有些环评机构吃拿卡要，“交钱放行”，成了“红顶中介”。

五是环境监管主要集中在前置审批，事中和事后监管薄弱。环境监管涉及多个部门，缺乏有效的统一监管架构。一方面，我国现行排污费标准过低，污染物标准的覆盖面窄，征管力度不够，

---

①② 全国人民代表大会常务委员会执法检查组关于检查《中华人民共和国大气污染防治法》实施情况的报告，2014 年 10 月 29 日。

企业排污的“违法成本低、守法成本高”。如，根据收费标准和排放总量，2011 年我国应征收的排污费超过 1000 亿元，但实际仅征收 200 亿元，差距巨大。[①] 另一方面，环境执法以地方为主，一些地区出于发展经济的需要，放松环境监管和污染治理，有法不依、执法不严的问题十分突出。

3. 生态环境保护手段以行政管制为主，正向激励不足

现行法律对环境保护的经济措施规定较少。例如，《环境保护法》规定的重点是监管分工、环保标准制定、法律责任和处罚等；《大气污染防治法》的主要内容是总量控制、排污收费、超标排污处罚，以及针对燃煤、机动车等特定污染源的强制性措施。对于国外已普遍采用的排污权交易、环境税和补贴等经济手段，我国法律缺乏明确规定。

一些高耗能行业准入标准以规模为主。目前，我国节能减排措施通常是“上大压小”，导致一些环保效果好、资源高效利用的绿色中小型企业和设施难以进入市场。如，随着发电机组关停的容量标准逐步提高，以机组装机容量大小作为界定热电联产机组的标准，一些地方把单机 20 万千瓦以下的热电联产机组也列入小火电，作为关停对象，对热电联产的发展造成了较大的负面影响。环保执法以处罚为主，经济激励措施不够。在总量减排约束下，各地经常采用关停方式淘汰产能，或采取拉闸限电等强制手段，

---

① 吕薇、石光：《环境保护要约束与激励并举》，载于《中国经济时报》，2013 - 11 - 21。

代价高昂。

水、热、电、气价格形成机制改革滞后。政府行政干预力度大，不利于绿色消费。如，目前热力生产企业的投入价格基本由市场决定，但居民用热的价格偏低，而且收费难度大，经济效益较差，对政府补贴的依赖高。例如，当煤炭等一次能源价格过高时，热电企业成本压力难以向下游传导，2008 年部分热电厂的电煤到厂价均超过 1100 元/吨，导致绝大部分企业出现亏损。

资源税的改革仅在石油和煤炭领域实行，其他资源的开采均未实行资源税改革。如，稀土开采混乱，资源过多流入国外，既损害了国家利益，又导致一些国际纠纷。

尽管我国已建立了生态补偿机制，但是力度不够、标准较低。特别是在老少边穷地区的一些生态保护区，补偿费用以保证基本生活为标准，因当地没有其他产业可以发展和就业，群众的收入和生活水平难以提高。跨地区间的生态补偿机制尚未建立，如流域生态保护和治理还未形成受益区对保护区的跨地区补偿机制。

节能减排的价格、财税、金融等经济政策还不完善，基于市场的激励和约束机制不健全，创新驱动不足，企业缺乏节能减排内生动力。目前，环保对企业还主要是增加成本的活动，企业不可能长期亏本进行减排，仅靠行政手段治理污染难以持续。

4. 政策不配套，制约了节能减排和生态环境保护的积极性

如，国家鼓励资源循环利用，而一些企业余热发电要交电网容量费，送电上网也还要交过网费；不少风电装置因电网不配套而弃风，不能足额发电；国家第四阶段机动车污染排放标准（以下简称国四排放标准）出台后，合格的汽油和柴油不能满足供应。在以规模大小作为市场准入门槛的情况下，一些循环利用项目达不到规定的规模标准，得不到“准生证”。许多企业需要进行节能减排技术改造，但却找不到合适的技术和设备。有些地方的企业利用内部污染处理能力，为地方提供集中进行污水处理、焚烧垃圾服务等，有时不能及时拿到处理费。有的地方对企业达标的排放仍然要收较高的排污费，企业没有排污处理的积极性。更有甚者，有些地方的环保部门为了保护下属企业的利益，不允许社会上有能力的企业综合利用和处理排放物、废料。还有一些地方保护性政策导致环境效果好、效率高的产品难以实现规模化发展。不少企业反映，各地政府在采购和补助新能源汽车的时候，往往根据本地汽车制造企业的产品定标准，而一些具有自主技术、节能环保效果好的产品被挡在门外。

5. 缺乏科学决策机制，节能减排效率不高

目前，我国节能环保的标准以规模和单项能耗为主，缺乏科学、合理的全过程成本效益评估，一些综合利用效果好的技术得不到应用和推广。有些节能减排的指标不断优化，但整体的污染反而严重。例如，我国能源结构以煤炭为主，但清洁煤技术发展和推广较慢，燃煤污染问题突出。又如，以供电耗能为热电联产电厂的评价标准，虽然热电机组的供电煤耗比大火电高，但其供热量大、供电量小，总体上仍是节能的，而且克服了小锅炉供热效率低、能耗高、污染大的缺陷。

家底不清，重点不突出。由于问题的根源不清，一些治理没有对症下药，治理的效果不明显。如，北京的雾霾究竟是汽车排放、冬季取暖还是周边地区的问题，专家们有不同的看法，因此，治理措施往往重点不突出。

6. 标准缺失或不合理，导致节能减排的新技术推广慢，效果难以显现

一方面，我国的节能减排和环境保护的标准普遍偏低，导致大量污染排放。另一方面，我国的标准出台往往滞后于产业发展，而且执法不严，使企业无章可循，甚至一些不达标的企业和产品搞低价竞争，导致“劣币驱逐良币”。如，汽车的国四排放标准出台的时间不确定，几次推迟出台。国四排放标准颁布实施后，因试行时间较短、符合标准的油品供应不足等，只能在有条件的地区实施，实施效果不尽如人意。又如，深能环保宝安垃圾发电厂是目前亚洲正在运营的规模最大、标准最高的垃圾发电厂。其改进的焚烧炉的烟气排放指标远优于我国垃圾焚烧排放标准，优于国际上最严格的欧盟标准（EU2000/76/EC）。但因国内垃圾焚烧的排放标准较低，一些地方出于减少短期一次性投资的考虑，不采用这项技术。

7. 科技支撑和服务薄弱

绿色发展方面的研究开发投入不足，环保产业技术水平亟待提升。一是大部分节能环保研究开发以跟踪国外技术为主，因地制宜进行技术开发的力度不够。符合国情的成本低、效果好的技术供应不足，对先进技术推广应用不够。如，我国的能源结构是以煤炭为主，但清洁煤技术开发投入和推广不足。二是节能环保的共性技术研究开发和技术供应能力不足。我们在调查中发现，有些企业有节能环保的积极性，但是却找不到适用技术，不得不自己花高价研制节能减排设备。三是节能环保、生态保护的技术咨询和服务欠缺。目前，我国的能效服务处于起步阶段。其他与生态环境保护相关的技术咨询和服务几乎是空白。四是基础研究投入不足，对污染来源、成因和传输机理研究不够，影响了治理重点的确定。

8. 企业和公民在生态保护中的主体责任不落实

企业法律意识淡薄，加上执法不严，不少企业治污设施建设滞后，技术水平低，提标改造进展缓慢，难以做到污染物达标排放。企业违法排污被查处后的罚款额度远低于治污成本，以及缺乏有效的经济引导措施。由于对企业违法行为的处罚措施不足、力度过小，不少企业宁愿交罚款也不主动治污，严重影响了法律的威慑力。部分企业治污设施不能正常运行，采取检察人员“一来就停，一走就排”、昼停夜排、瞒报虚报监测数据等方式应付和逃避执法监管。

公民在生态保护中的责任和义务不明确。环境保护人人有责，公民在绿色消费中具有重要作用，而现行法律中较少规定公民个人在节能减排、环境保护等方面的权利和义务。由于公民消费比较分散，难以管控，现行政策措施中极少有针对居民消费方面的环保措施。

9. 绿色发展的法律法规不够健全

目前，我国生态环境保护方面的法律体系基本建立，但是仍然存在部分法律缺失，特别是促进资源再利用等方面的法律、法规较少。现行法律大都比较原则，可操作性较差，处罚力度低，而且常常滞后于实际需要。同时，存在有法不依、无法可依、执法不严的问题。

三、国际上绿色发展的体制机制和政策经验

目前，国际上绿色发展的趋势是采用更加严格的标准保护生态环境和节约资源。欧、美、日等发达国家纷纷制定和推进一系列以循环经济、低碳经济为核心的“绿色新政”，旨在将高能耗、高消耗、高排放的传统发展模式，转变为低能耗、低消耗和低排放的“绿色”可持续发展模式。2009 年，经济合作组织（OECD）发布了《绿色增长宣言》，其成员国也制定了相应的绿色增长战略。欧盟出台“‘欧洲’2020”将创新和绿色增长作为提高欧洲国家竞争力的核心战略，欧洲一些国家还提出了碳排放和资源消耗零增长的目标；2012 年在里约热内卢举办的“里约 +20”联合国可持续发展会议上，其主要议题是绿色增长；2011 年 5 月，德国宣布争取成为第一个实现向清洁能源完全转化的工业化国家；美国已颁布了一项为期 10 年的清洁能源战略和绿色发展发展计划；

韩国已将绿色发展纳入国家发展战略；巴西则更加积极地综合考虑其增长、气候变化和环境管理政策；日本于2006年推出了《节能法》，计划于2020年前将其能效进一步提高30%等。

1. 全球共同治理与突出地区重点治理相结合

由于气候变化、大气污染具有全球性，因此，联合国和国际组织把绿色发展的重点放在制定气候变化和大气污染防治等全球性问题上。

由于各国经济社会背景、发展阶段、产业结构和技术基础不同，各国在实践中，因地制宜制定自己的绿色发展目标和环境治理重点，采取不同的发展战略和路径。如，英国以建立市场机制为核心，发展低碳经济；德国以开发低碳技术为核心发展低碳经济；美国则比较重视新能源开发与应用；日本重点推进循环经济和节能增效。

2. 立法先行，严格执法

各国的经验表明，完善相关法律和执法体系，为发展绿色经济提供了法律保障。由于绿色发展涉及经济、社会的各个方面，特别是涉及公众利益，还需要财政的补偿和支持，其法律体系是一项复杂综合的系统工程。如，为了明确环境保护的责任，美国国会于1980年12月通过了《综合环境反应、补偿和责任法》；为了应对气候变化，2007年美国国会先后通过了《气候安全法案》《低碳经济法案》《减缓全球变暖法案》《气候责任法》《全球变暖污染控制法案》，以及《气候责任和创新法案》等一系列相互配合的重要法案。

标准成为推进绿色发展的重要工具，发挥了积极作用。如，美国的《联邦水质法1965年修正案》首次采用直接以水质标准为依据进行水污染管理的方法，规定了在州和联邦政府都可行的水环境质量标准，并以此为州际水质量标准的基础，要求各州制订州际水体水质量标准和污水排放的负荷分配。又如，为限制汽车废气排放污染物对环境造成的危害，欧盟（EU）参与国强制实施共同的汽车废气排放标准。欧洲的汽车排放标准几乎每四年升级一次，分别于1992年、1996年、2000年、2005年和2009年9月开始实行欧洲1号、2号、3号、4号和5号轿车排放标准。由于欧盟定期提高汽车排放标准，汽车公司要想在竞争中取胜，必须不断投入大量资金进行技术攻关，通过改善汽车构造、性能等措施来降低污染源和成本，以及探索新能源汽车。

3. 统筹规划，落实责任，协调管理

（1）加强环境的垂直监督管理

美国是联邦制国家，各州有立法权和执法权。因此，美国建立了多级管理的环保监管体制。首先，联邦、州和州以下的县、市和镇3级政府都设有环境监管部门，建立了规模庞大的监管队伍。EPA设置了10个垂直管理的区域办公室，每个办公室平均负责5个州。EPA有近1.8万名员工，一半以上是科研人员，48%分布在区域办公室。各州政府都设环保部门，总人数超过5.3万，其中16个州超过1000人，加州达4550人。州政府环保预算总额超过

128 亿美元（含联邦拨款）。美国有 8 万多个地方政府，地方一级环保人员数量也十分庞大。如波士顿市有 60 万人口，市政府下设环境部和督查服务部，其中负责环境监管和执法的编制达 230 人，近一半是一线督查人员。[①]

其次，联邦政府深度介入州和地方的环境监管。尽管美国的环境保护实行联邦和州两级立法，但州立法要经国会审核，环境标准必须比联邦标准更严格。对具有全国普遍性的事务和跨州事务，如《清洁空气法案》《清洁水法案》《有毒物质控制法案》《跨州空气污染条例》等，由国会立法，EPA 执行。对于地方性较强、对联邦利益影响不大的事务，则由各州立法，州政府执行，95% 的督查和排污许可等由州和地方环保部门完成。但是，EPA 通过区域办公室，深度介入州和地方环境监管。一方面，EPA 能够直接在全国范围内行使监管权力，尤其是进行跨州监管，有权强制河流上游或上风向的州采取减排措施。另一方面，EPA 通过多种方式，授权州和地方政府进行环境监管，如与各州签订《州执行计划》，将监管任务委托给州和地方，若监管不到位，EPA 有权收回监管权。

（2）加强区域协作机制

如德国的汉诺威区域协作是发挥社会组织和企业作用。过去是由汉诺威市政府建立区域气候保护局，现在是由汉诺威地区各

---

① 石光：《环境监管需加强力量，重心上移》，载于《中国经济时报》，2013-08-08。

地政府、地区协会和城市水电公司等私营合作伙伴共同负责协调气候保护行动。又如，美国俄勒冈州的波特兰区域由波特兰市、3个县和该地区内的25个城市组成，共同致力于区域内的交通系统建设，防止城市化的扩张，减缓温室气体排放的加剧。

（3）强化环境管理工作的协调机制

2001年，日本政府将环境厅升格为环境省，并将原来多部门负责的废物管理职能统一划归到环境省管理。为平衡环境保护与发展之间的关系，协调国内资源和环境问题，促进循环型社会体系建设，日本政府还建立了“环之国”会议机制，加强政府部门之间、政府与产业界的沟通协调。

4. 发挥各种政策工具的作用，综合施策

目前，国际上用于环保的经济政策工具主要是环境税、补贴、排污权交易、环境基金、政府采购、绿色信贷等，其核心是理顺激励机制，引导企业主动减排。

（1）环境税

环境税是让排污者承担污染的社会成本，以抑制排污行为。通常，环境税是针对矿产资源开采和工业生产排放而征收的，或纳入一般预算，或用于污染治理等特定用途。环境税可以在生产或消费环节征收。在生产环节征收的优点是容易识别污染源，征管难度较低，主要针对集中排放、易于监测的污染源。如，日本政府对二氧化硫排放征税；丹麦从1992年起开始对工业企业的二氧化碳排放征税，多排加征，减排可以申请减免税。在消费环节征收环境税主要针对分散排放，如生活用水、垃圾、汽油等，其目的是引导消费行为，通过调节税率，影响消费者的行为，从而达到减排的目的。通常各国政府都通过征收燃油税促进消费者节约用油。此外，一些国家政府还对难回收的产品征税。如，加拿大在消费环节对汽车空调、轮胎、电池等征税；瑞典等北欧国家对饮料瓶、干洗溶剂、塑料袋等污染品征收消费税。

（2）财政补贴

政府通常采用减免税、贴息或专项资金等方式对社会效益较好的绿色生产企业或环保产品的生产或消费进行补贴。根据补贴环节不同，分为鼓励投资的补贴、清洁生产的补贴和消费补贴三类。一是，通过补贴来鼓励企业和家庭购买节能减排设备或进行节能减排技术改造。如，美国对企业购买使用符合标准的环保设备予以减免税优惠，对企业和家庭使用太阳能发电设备减免所得税的最高额度是投资成本的30%，但必须在投产后减税；日本对企业利用先进能源的设备，补贴其成本的1/3，上限为2亿日元。二是，通过补贴支持企业进行清洁生产。美国各级政府出台了大量政策，引导企业使用可再生能源，企业可因此得到高额度补贴。如，对风能、地热和生物质能发电企业减免所得税，政策优惠期可以长达10年。日本政府还鼓励中小企业从事环境技术研发项目，补助其研发经费的1/2；对废弃物再生利用设备的生产企业给予相当于其生产和实验费1/2的补助。在挪威，乙烯生产企业如果将废料卖给回收工厂，可从政府获得一定额度的补贴。三是，在消费方面，对高耗能家电实行强制报废制度，对环保产品适用较低的消费税率。一方面，对购买绿色家电等消费品提供补贴。例如，日本政府认定符合减量化、再利用、再循环特征（3R 原则）的高效实用产品，对消费者购买这类产品提供价格补贴。另一方面，政府优先采购环保产品。

（3）生态补偿机制

一类是政府提供的补偿，通常用于政府规划的限制开发的生态保护区。比如，瑞典的《森林法》规定，如果某地林地被宣布为自然保护区，那么该林地所有者的经济损失将由国家给予充分补偿。另一类是生产和开采者对使用资源和破坏生态的补偿。如，美国 1977 年通过《露天矿矿区土地管理及复垦条例》规定，矿区开采实行复垦抵押金制度，采矿企业每采掘一吨煤，要缴纳一定数量的废弃老矿区的土地复垦基金，用于复垦实施前老矿区土地的恢复和复垦。未能完成复垦计划的，押金将被用于资助第三方进行复垦。美国政府还出台“排污补偿政策”，主要应用于经济欠发达、环保标准非达标的地区，要求新建、扩建、改建项目必须取得相应的排污削减量以“抵消”或补偿其排放。

（4）排放权交易

排放权交易是根据设定的全社会排放总量目标，政府按一定规则将排放量分配给企业，允许企业之间进行配额交易。排放配额成为有价值的可交易商品，并通过价格机制引导企业主动减排。这种方式既能控制排放总量，又以市场机制优化和分担减排成本，灵活性较高。美、欧、日等国均建立了排放权交易市场。如，瑞典从2003年开始试行绿色电力证书制度，以推动可再生能源利用。一方面，风能、太阳能等绿色发电企业每发电1000千瓦时，政府就给其一份绿色电力证书（电子化的）。另一方面，政府规定供电企业要承担可再生能源配额义务，必须生产或购买一定量的绿色电力，并以绿色电力证书为凭证，从而使绿色电力证书具有经济价值。与此同时，政府建立了证书交易市场，绿色电力企业通过出售证书来获得额外收益，瑞典能源署和瑞典国家电网公司负责绿色证书的监管和记账。

（5）建立环境基金

环境基金主要用于指定用途的污染治理项目，资金来源主要包括财政拨款、特定的税费等，通常是专款专用。基金一般用于处理责任难以认定、责任者缺乏修复能力、紧急程度高的污染事件，或用于奖励企业进行资源回收利用。如，1980年美国政府设立了超级基金，用于及时处理土壤被污染的工矿场地。超级基金主要来源于企业所得税、原油税、一般财政拨款3个筹资渠道。同时，政府强化法律约束，建立严格的连带责任制度。由超级基金垫付的污染治理资金，通常要通过司法程序追索赔偿。为了鼓励资源的回收和利用，发达的市场经济国家还普遍采取“存款－返还”机制。如，生产饮料瓶、轮胎、电池等污染产品的企业，通常要向政府缴纳一定额度的存款，形成专项基金。政府负责基金运营和保值，企业回收废品后，政府会返还存款，或予以奖励。与直接补贴方式相比，“存款－返还”机制能够更有效地落实责任，激励企业循环利用。

（6）建立符合绿色发展要求的资源产品价格形成机制

通常，资源产品的价格形成机制与其稀缺性和公共性有关。如，水是生活必需品，具有公共产品的性质，既要体现普遍性服务的原则又要体现水资源的稀缺性。根据美国联邦法律的有关规定，水资源的开发利用和管理由联邦政府机构、州政府机构和地方政府机构三级共同负责，且管理权限划分明确，相互配合，各负其责。政府仅对水价进行宏观管理，对水价构成进行原则性规定，即要求供水单位不以营利为目的，但必须通过供水生产经营活动实现水利工程投资的回收，可以满足工程运行、维护、管理和更新改造的需要。各供水机构则根据自己的生产实际和市场情况，在接受政府对供水成本的审查和社会监督的基础上，与用户进行沟通和协调，制定符合实际的水价。美国的水价因地区水资源条件不同而实行差异化定价模式。如，东部地区水资源较丰富，实行“累退制”水价制度；而西部地区水资源紧缺，则采取服务成本定价模式和完全市场定价。对那些非生活必需的资源价格大都采取市场定价，如汽油等。

（7）政府采购绿色产品，培育绿色市场

政府采购在推动绿色消费方面发挥了积极作用。政府有计划、有目的地采购绿色产品及服务，不仅有利于培育新的市场，还可以引导企业和个人的消费方向。欧盟、日本等发达国家都出台了政府绿色采购政策。例如，2004 年 3 月欧盟出台了《欧盟政府采购指令》，规定政府采购标准中要纳入环境要求。2008 年，欧盟的公共采购占其成员国 GDP 的 14%，其中绿色采购占公共采购的平均份额为 19%，瑞典、丹麦、德国、奥地利、英国等均超过欧盟的平均值。2005 年，德国环境标志产品已达 7500 多种，占全国销售商品总数的 30%。又如，2000 年日本出台了《绿色资源购买法》，以法律的形式将政府的绿色采购政策固定下来。政府通过与绿色环保企业签订优先采购合同，引导和支持环保企业生产绿色产品。政府机关可采用第三方认证体系或绿色产品信息系统作为采购绿色产品的参考准则。统计表明，日本政府每年的绿色采购消费支出约占国内总消费的 20%，政府绿色消费行为推动了绿色消费的实施。

（8）绿色信贷

为了鼓励加大绿色发展的投资，不少国家对绿色投资采取优惠信贷的金融支持机制。德国是国际绿色信贷政策的主要发源地之一，经过数十年的发展，绿色信贷政策已经较为成熟，体系比较完善，取得了很好的效果。政府和政策性银行共同参与开发相应的绿色信贷金融产品，使得绿色信贷政策能够在较低的管理成本下，为环保和节能项目提供低息贷款。其中有四点值得借鉴的经验。一是对绿色信贷项目予以贴息贷款，“杠杆效应”最为显著。如德国对环保、节能项目予以一定额度的贷款贴息，对于环保节能绩效好的项目，可以给予持续 10 年、贷款利率不到 1% 的优惠信贷政策，利率差额由中央政府予以贴息补贴。二是政策性银行开发支持绿色信贷的金融产品，在绿色信贷政策体系中发挥着重要的作用。德国复兴银行是政策性银行，在国际资本市场上进行融资，将从资本市场融来的资金开发成长期、低息的金融产品销售给各商业银行。三是环保部门的认可是企业获得绿色信贷的关键。在德国绿色信贷政策实施过程中，环保部门发挥着重要的审核作用。每个节能环保项目要想得到贴息贷款，必须得到当地或上级环保部门的认可后才能申请。四是自愿原则。建立一套金融业自愿性指南。各类贷款项目都通过公开透明的招标形式开展，保证了过程中的公正、透明性，政府的主要作用就是提供贴息及制定相关的管理办法。

日本政府规定日本政策银行、中小企业金融公库、国民生活金融公库必须对生产绿色产品的企业提供低利融资，以充分保障生产绿色产品的企业有充足的资金用于发展。

5. 强化企业责任，鼓励社会公众参与

（1）建立鼓励公众参与的机制

公众参与不仅有利于提高资源管理决策的科学性和公平性，而且有助于培养公众可持续利用资源的价值观，使公众自愿参与保护自然资源的过程中。如美国高度重视环境信息的公开透明来强化公众参与机制，通过公开环境信息来加强公众参与环境管理和监督，从而促使污染者提高危机意识，加强对环境污染的管理。通常，通过报纸、广播、电视和互联网等多种形式公开环境信息；根据其内容又可以分为环境质量公开、环境行为公开和企业环境信息公开等内容。2003 年，EPA 制定了《公众参与政策》的办法，对促进公众参与环境保护及其政策制定提出了一系列要求。

（2）加强环境教育，提高全社会环境保护的意识

例如，美国政府意识到国土环境恶化，生态平衡遭到破坏，对国力和国民的生活构成了重大威胁，应加强对公众进行有关环境质量和生态平衡教育。联邦政府教育署设置了环境教育司，并于 1970 年率先制定了《环境教育法》。日本则已经形成了多层次的关于环境方面的专业和非专业性教育体系。如，设立了对政府官员和企业管理人员的专门环境教育、对公众的社会性教育等，通过提高各界人士对环境保护的认知水平，规范其在工作、生产、消费和生活过程中的环境友好行为，推进全社会各阶层参与保护环境的行动。

加强社会对行政执法的监督。美国的行政法是以限制行政权为基本原则，监督则是控制权力滥用的有效手段。从环境执法的监督主体来看，被管制者、公民和社会团体、EPA 的内部机构、其他行政部门、司法部门都可以对环境执法机构进行监督。在监督方式上，法律不仅设置行政执法程序，而且将对行政的司法诉讼作为有效的监督方式。同时，信息公开制度、公众参与制度也发挥了积极的监督作用。

日本确立了以政府主导、企业和公众监督的循环经济战略体

系。政府负责制定战略规划、产业政策，确立法律框架，构建技术创新体系等，明确企业承担的社会责任，提高公民环保意识，引导公民参与环保行动。企业在循环经济战略体系中，扮演实施主体的角色。一是作为生产者，企业必须自觉循环利用资源，提高产品的耐久性；二是普及环境会计；三是制订环境报告书；四是申请国际环境认证。

德国实行“蓝色天使”标志。为了确保民众可以更容易地实现节约资源的消费，德国政府采取措施，促进全社会的绿色消费。如，采取“蓝色天使”生态标志作为产品和服务的环境标志，只有最好的产品才会被授予蓝色天使标志。蓝色天使也是一个制定标准的系统，包含了环境性能、使用适应和消费者安全的标准，对每一种产品的标准，都经过了社会群体代表的讨论和通过。作为国家设计的标志，享有很高的信誉，消费者可以放心，有很大的引导价值。目前，已有 90 个不同种类、1050 个公司中的 11500 个产品带有蓝色天使标志。

（3）建立环境保护的预防机制

美国建立了环境保护的预防机制，其中主要包括三个方面。一是环境守法援助，对象主要是公众和被管制者。主要指通过向被管制者和公众提供生产、管理、生活过程中需要遵守的环境法律、环境管理信息和服务，以促进公众遵守环境法律法规及政策的活动。每年，EPA 的执法与守法援助处都要针对守法援助制定活动计划。通过散发宣传品为公众提供法律培训，举行听证会，设立网络、电话等多种咨询交流平台，为污染企业提供法律信息及技术支持等。二是守法激励，目标是提高企业的环境管理能力。主要通过政策降低守法成本来增进被管制者守法意愿。在金融领域内，通过减免环境债券的利息、在贷款中设立用于保护环境的资金比例、运用抵消性政策等降低守法成本。同时，EPA 还通过排污费、污染税、许可证制度等，对守法企业进行补贴、奖励等经济刺激方法来促进守法。三是守法监测，是指对被管制者守法情况的信息搜集、分析与评估，通过监测，为执法提供依据。通过检查、自我监督、公众投诉举报、区域监测等方式获得守法监测所需要的信息。

6. 支持和推进技术进步和创新

全球范围内绿色经济、低碳技术正在兴起，不少发达国家大幅增加投入，支持节能环保、新能源和低碳技术等领域创新发展，鼓励发展新兴绿色产业。为占据技术制高点，美国将新能源技术的开发和应用作为第三次工业革命的起点，对发电技术（包括地热能、太阳能、风能、水力发电）、交通运输技术（包括生物质能、燃料电池等）和能效等方面的技术进行重点研发。美国政府 2009 年对此给予 22 亿美元的财政支持，其中可再生能源发电 3. 14 亿美元，先进燃料和交通工具 6. 59 亿美元，能效方面 7. 68 亿美元。日本政府投入巨资支持新能源汽车的技术研发和基础设施建设，仅 2006 ~ 2009 年就投入了 4000 多亿日元用于支持新能源汽车产业。同时，政府大力推动“官产学”的研发联盟，联合攻克技术难关。为攻克电池关键技术，由政府主导，建立了开发高性能电动汽车动力蓄电池的最大新能源汽车产业联盟，开发企业需要的共性基础技术。日本是全球最早制定混合动力和电动车安全标准的国家，在标准制定上具有明显的先发优势。日本还积极谋求在电池、充电设备、新能源车安全等领域将国家标准提升为国际标准。2010 年日本开始推动联合国相关机构采纳其燃料电池汽车的安全标准；2011 年日本又开始策划充电设施的标准化。为了支持中小企业生产绿色产品，日本政府直接补贴中小企业的绿色技术研发，资助技术开发费用率最高可达 50% 以上。对技术开发期在两年以内的新型绿色企业，补助率最高可达费用的 70%。

对新型可再生能源采取鼓励技术进步的价格。如，1991 年，德国通过了《强制购电法》明确了对光伏发电实行“强制入网”“全部收购”“规定电价”三项原则，从而解决了困扰可再生能源发电的入网问题，为太阳能光伏发电系统提供了有保障的投资回报。2000 年 1 月出台的《可再生能源法》规定，电网公司应全额收购光伏发电上网电量，收购期为 20 年，太阳能供电方在 20 年内享受固定上网电价。新建光伏发电的上网电价每年递减 5%。这一政策既解决了困扰可再生能源发电的入网问题，又保证每个时间段的太阳能发电投资者都有一个稳定、合理的投资回报。同时还促使光伏发电设备制造企业不断改进技术，降低发电成本。德国的太阳能光伏发电成本从 2006 年的 5 欧元/度电，下降到 2012 年的 1 美元/度电。[①]

四、关于健全绿色发展的体制机制和政策的建议

生态环境保护事关人民群众根本利益，资源节约利用事关经济社会持续健康发展。目前，我国的自然资源和环境容量已经接近于警戒红线，生态环境保护不仅是经济发展问题，已经成为社会问题和政治问题。

与发达国家相比，我国的生态环境保护和治理还处于初级和粗放发展的阶段，通过政策调整和精细化管理，还有较大的提升空间。因此，要牢固树立绿色发展的理念，以保护人的生命健康为目标，预防、保护、治理与发展相结合，短期措施与长效机制相结合，建立以改善环境质量和节约资源为导向的考核机制，通过法律、行政、经济的手段，促进个体效益与整体效益相一致，实现人与自然的和谐发展。

（一）完善绿色发展体制机制的基本原则

1. 加强顶层设计，统筹协调，突出重点

绿色发展包含经济社会各个领域，涉及方方面面的利益，必

---

① 参见德国联邦环境、自然保护与核能安全部能源与环境国际事务、可再生能源处处长 Martin Schpe 在北京举行的“2013 光伏领袖峰会”上的发言《德国光伏发电的经验和政策》，北极星太阳能光伏网，2013-11-14。

须从全局和系统的角度出发，进行顶层设计、制定政策，加强协调管理。全面理解绿色发展，须实现四个统筹。一是统筹规划。实行资源开发利用与生态保护和恢复、节能减排与资源循环利用、生态环境的预防、保护和治理统筹规划。二是统筹各种自然资源的保护与开发利用，尤其是统筹土壤、水、大气、森林、草原等各种资源的保护和开发利用。三是统筹供给与需求、生产与消费全过程的绿色发展。四是统筹中央部门和中央与地方的规划和政策。在统筹协调的基础上，突出保护和治理重点。

2. 处理好政府与市场的关系，有效发挥市场机制的作用

绿色发展中存在较多市场失灵的领域，在处理好政府与市场的关系中如何更好发挥政府的作用尤为重要。要实行严格监管与有效激励相结合，一方面，要通过经济类、社会类规制和法治推动绿色发展，严格执法，增加违法成本；另一方面，要设计有效的激励机制，通过税收、价格、补贴、信贷、排放交易等多种手段，实现外部成本和效益内部化，使市场机制能够发挥正向激励作用，调动企业和全社会节能减排、循环利用资源和保护生态环境的主动性和积极性，引导市场主体绿色发展。

3. 坚持社会成本效益的原则，增强决策科学性

从社会整体利益出发，建立全寿命期的资源利用效率和环境影响效果评价体系。在进行重大政策选择和重大技术推广时，进行全寿命期的资源利用效率和环境效果评价，进行不同技术路线的多方案比较，防止局部优化而整体不优。按照边际效率的高低进行政策和投资排序，优先选择边际效率高的领域，用边际效益好的方案替代边际效益差的方案，提高环境保护和绿色发展的效率。

4. 谁污染谁担责，谁受益谁补偿，谁环保谁获益

加强生态保护必须明确责任主体和责权利，实行严格监管与激励措施并举，奖惩分明。建立谁污染谁担责、谁受益谁补偿、谁环保谁获益的奖惩机制，提高破坏和污染环境的成本，增加保护环境者的收益。

5. 完善法律体系，依法保护和治理

我国已经基本形成了生态环境保护的法律体系，实现节能减排绿色发展，必须依法治理。首先，切实落实现行法律法规，严格执法，有法必依，违法必究。尽管目前的法律体系尚有待完善的地方，但若能够严格执行，也会改善生态环境。其次，不断完善法律体系，根据绿色发展的需要，修订和补充相关法律、法规，增强法律的可操作性，提高处罚力度。

6. 国情与国际经验结合

我国的资源禀赋、能源结构和产业结构与其他国家不同，环境保护和绿色发展不能采取跟踪模仿的办法，人家干什么，我们就干什么。应根据国情、资源禀赋特点和发展阶段，制定符合我国实际情况的发展和保护战略。在整体战略布局和资源配置上，要根据国情和发展阶段；在具体的政策工具和技术上，可以借鉴国外经验。如，我国是煤炭资源为主的国家，加强煤的清洁利用是绿色发展的重要内容；我国人口众多，不仅要抓集中的污染源，还要抓量小分散的污染源整治；我国城乡发展差别大，不仅要重视城市的环境保护，还要重视农村的环境保护和绿色发展。

（二）加强统筹协调和完善监管工作机制

生态环境保护、绿色发展是一项复杂的系统工程，不能一蹴而就，需要付出长期艰苦不懈的努力。环境保护和资源节约利用具有综合性和区域性特点，需要中央部门之间、地区之间和中央与地方之间相互配合，综合施策，协同治理。

1. 打破部门界限，加强科学的统筹规划和部署

一要加强全产业链绿色发展的统筹规划，如发展新能源汽车需要进行整体、电池技术、充电装置和电池回收利用的统筹规划；发展可再生能源发电要与电网、稳定电源布局统筹规划。二要加强创新链的统筹规划，从研究开发、成果转化到示范推广、改进传统产业与培育新兴产业统筹规划。三要加强生产、消费、回收利用等各环节的政策统筹配套。四是抓大不放小，统筹重点集中治污与大量分散的小污染源治理，逐步加强对单项小、面散、量多的污染源治理。五是中央政府各部门要加强政策统筹与分工落实相结合，每项行动计划要明确牵头单位和相关单位，共同制定政策。

2. 落实责任，完善工作机制，形成工作合力

各级政府要加强统筹协调，细化部门职责，形成有关部门齐

抓共管的工作机制。中央政府主要在建设基本制度，制定方针政策、发展战略和统筹规划方面发挥作用。地方各级政府要切实对本辖区的环境质量负责，建立健全目标责任制，加大督察考核力度，严格奖惩措施。企业是依法落实防治污染的主体责任，要积极实施清洁生产改造，加强污染治理设施的运行管理，严格执行各种污染物排放标准。

理顺环境保护部与相关部委的职能分工，形成权责利统一的环保体制。理顺环保监管体制机制，加强部门联动，提高监管效能。充分发挥环境司法的作用，做好环境行政执法与司法的有效衔接。建立统一的环保信息平台，完善信息披露制度，提升环保信息的透明度。通过政府监管、群众监督和法律手段的协调配合，切实改善环境质量。

进一步完善绿色发展指标体系。本着既达到节能减排的要求又实现地区稳定发展的目标，按照地区的产业结构、发展阶段和环境容量，进一步分类细化地区能耗考核指标。可以分为三类。第一类是高耗能产业集中的地区，如内蒙古、山西等地的高载能行业比较多，重点以降低单位 GDP 能耗为重点，实行降低单位能耗和能耗总量双控制。第二类是一些服务业比例高、人口密度较大的特大型城市，单位 GDP 的能耗已经较低，能耗总量较高。如北京服务业比重约占 78%，上海第三产业比重超过 60%，居民消费的能耗比例相对较高，这类地区的单位 GDP 能耗下降的潜力不大，应把降低能耗的重点放到服务行业和居民消费上，实行人均能耗和能耗总量控制相结合。第三类是发展起步比较晚、环境容量较大的地区。如海南的旅游服务业比例较高，单位 GDP 的能耗一直低于全国平均水平，能源消耗基数很低，若按此核定能源消耗总量，地区发展空间严重受限。对这类单位 GDP 能耗低、环境容量大的后发地区，应在保证单位 GDP 能耗稳定或下降的情况下，允许能源消耗总量有一个小幅的增长。

3. 强化环境执法和监管，打破地方保护，统一执法标准，确保法律制度有效实施

根据需要进一步提高污染排放标准和排污收费标准，加大对超标排污的处罚力度，提高污染成本。加大环境保护的执法力度，统一执法标准，进一步加强对重点行业、重点企业污染排放的监管，依法严惩超标排污、偷排偷放、监测数据弄虚作假等违法行为，严肃追究相关企业责任人的责任。充分利用现代化信息手段，强化过程监管，解决执法不严的问题。完善环境监测体系建设，对企业生产全过程实施在线监控，提高在线监测数据准确性。推进企业环境信息公开，发挥群众和舆论的监督作用。

加大对执法监督环节的人力和资金投入，提高执法监督能力和水平。为切实加强监管，提高监管效果，打破以行政区划为边界的环境监管范围，环保监管重心应适当上移。进一步强化区域环境督查中心的职能，依据自然条件、经济集聚和区域关联度等因素，在跨省范围内或重点河流流域内设置统一的监管机构，统一调度监管力量。加强基层环保队伍建设，严肃追究失职渎职行为，不断提高环境执法水平和公信力。形成监管合力，解决部门职责不清的问题。

4. 进一步加强价格、财税等政策工具对环境保护的引导和激励

根据政策实施和监督的成本效益，选择政策工具，以多种方式分类支持绿色生产和消费。对便于量化和监督的能耗和污染排放，利用价格、税收和补助等政策工具，引导资源消费和生产方式，提高利用效率。如水、电、气、热等，可以通过阶梯价格调整消费；对资源开采可以通过征收资源税控制过度开采和增加矿山修复的投入。对于污染治理，可以利用价格工具实现最终用户分担环保成本，如利用脱硫电价和脱硝电价，让用户负担一部分减排的费用。对于实施成本、监督成本较高的领域，则应发挥民间社会组织的作用，加强监督，推进实施。如，垃圾分类和回收等，不仅需要经济杠杆的引导，同时需要居委会、社区组织等进行宣传和监督。

改进生态保护的补偿方式，把生态保护与提高当地居民生活水平结合起来。特别要加大对老少边穷地区的生态保护区的补偿力度，在不影响环境的情况下，支持和引导发展生态旅游等绿色产业。健全跨流域和跨区域的生态保护补偿机制，由受益地区以多种方式为生态环境保护区提供应有补偿。

完善《政府采购法》，实行政府优先采购绿色产品和服务。在《政府采购法》中增加有关优先采购绿色产品和服务的规定，明确采购规则和比例，为绿色产品和服务开拓市场。如，地方政府可以利用垃圾处理费和污水处理费购买企业的环保服务，发挥大企业在城市废水和垃圾处理中的作用；利用水泥厂的高温水泥窑处理城市垃圾，用纺织印染企业的水处理设施处理城市污水等。既可以调动企业的积极性，又减少政府的投资，一举两得。

5. 突出重点，依法推进环境污染防治工作

一是加快产业结构调整步伐。实行污染物排放总量和排放标准双重控制制度，严格产业准入和退出标准，加快淘汰高耗能、高污染的落后装置，积极化解过剩产能。对重污染企业实施环保搬迁改造或关闭措施。二是积极推进能源结构调整。根据我国能源资源禀赋和以煤炭为主的能源消费结构，在实施煤炭消费总量控制的同时，积极推动煤炭的清洁高效利用。大力发展清洁能源，积极推广风能、太阳能、核能等新能源和可再生能源的应用，加强电网建设，落实全额保障性收购制度。三是着力强化重点行业综合治理。加强对火电、钢铁、水泥等重点行业脱硫、脱硝和除尘工程的运行管理，确保污染物达标排放。严格控制石化、化工等行业挥发性有机污染物排放。加快重大清洁生产技术的推广应用，从源头减少污染。积极发展绿色建筑，推进建筑节能减排。四是统筹机动车污染防治工作。强化机动车环保管理，严厉打击生产、销售环保不达标车辆的行为。加强在用机动车尾气排放检测，加大对超标排放机动车的整治力度。加快提升车用燃油品质，加强油品质量监管。大力发展公共交通，提倡绿色出行，提高城市智能交通管理水平。五是发展绿色服务，加强中小企业的节能减排工作。中小企业的节能环保具有积少成多的效果，一方面，靠利益驱动。如环境税、价格、日常的监督检查等。另一方面，宣传和普及绿色发展知识，靠增强自觉性和加强社会监督。发展绿色服务，包括技术研发、咨询、设计等服务，提高中小企业绿色发展的意识和能力。六是加强农村的垃圾、污水和秸秆等处理，以及对土壤和地下水污染的治理。加大对农村污染物处理的技术研究开发投入，积极探索治理办法，开展试点示范工程。

6. 进一步完善标准体系，科学推动绿色发展

充分发挥标准在生态环境保护和绿色发展中的作用。目前，在与环境保护相关的标准中，产品标准较多，服务类标准较少；排放标准多，绿色生产和消费的标准少；大多数排放标准偏低。因此，应清理生态环境保护领域的现行标准，一方面，根据需要提高已有标准水平；另一方面，补充缺失的标准。

分类制定标准，完善绿色发展标准。根据对人民健康和生态环境的影响程度分类制定标准。对影响较大的污染排放等实行强制性标准；对一般绿色产品实行行业推荐标准、联盟标准和企业标准，企业标准应高于行业推荐标准和联盟标准。根据管理层次分类制定国家标准和地方标准，地方标准只能高于国家标准，而不能低于国家标准。制定绿色服务标准，加快高耗能服务业的绿色标准制定。

动态调整重点行业和企业的减排标准，促进高耗能企业技术改造和淘汰污染产能。企业是节能降耗的重要主体，特别是高耗能行业和企业是节能减排的重点。要定期根据技术进步的情况，核定节能降耗减排标准。目前，我国的大容量火电机组的排放已经达到甚至优于燃气机组的水平，而钢铁、水泥等行业的标准偏低，达标企业不到50%。扩大核定行业能耗标准的范围，不仅要确定高耗能行业的能耗标准，还要增加加工制造行业，以及一些高耗能服务业的能耗标准。同时要严格执法，统一执法标准，切实促进企业的节能降耗。

7. 加大对节能减排和环境保护技术研发的支持力度

一要加强对节能环保技术的基础研究，开展污染及其危害的机理研究，为确定生态环境治理重点和技术路线提供科学依据。二要加大对环境保护的共性技术研究。特别是加大对绿色技术设备研制的研发投入，增强为企业进行绿色技术改造提供装备能力。三要加强产学研用结合，引进技术与自主研发结合，制定从研究开发、成果转化、试点示范和技术推广一体化发展规划。四要完善环境保护和绿色发展的标准体系，推进绿色技术研究开发与标准一体化，加强标准的制定和推广。

8. 提高公民保护生态环境的意识，明确公民保护生态环境的责权利

保护生态环境人人有责，公民既是绿色消费的主体，也是社会监督的重要力量；既是生态保护的责任人，又是生态保护的受益人。加大生态环境保护和绿色发展的宣传力度，提高全社会环境保护的意识。开展各种层次的生态文明教育，生态文明教育从娃娃抓起，从小学起就要增加生态文明课程。要建立健全鼓励公众参与的机制，构建公开的环境信息平台，建立公众参与监督的渠道，完善公益诉讼制度。发挥专业机构的作用，加强绿色发展的咨询和服务，增强公民生态环境保护和绿色消费的知识和行动能力。

（三）几个重点领域的政策建议

1. 加强清洁煤技术的开发和推广利用

我国以煤碳为主的能源结构在相当一段时期内尚无法改变。因此要大力推广煤的清洁利用技术，而不是简章地降低煤耗。如，我国的大容量火电机组的能耗和排放已达到国际先进水平，甚至能够达到燃气电站的水平。同时，促进煤炭清洁利用由燃料向燃料与原料并重发展。充分利用煤炭发热及化工合成的特性，协调能源生产和化工生产等相关部门，生产清洁能源及工业原料。

根据环境承受能力对煤炭清洁利用做出长期规划，明确污染物排放的中长期控制目标。合理确定煤电的排放标准，采取最佳可行技术，适度降低节能减排的成本，以最经济的代价达到减少污染物排放的目的。引导市场力量围绕节能减排降耗目标开展技术研发，有效促进煤炭清洁利用技术进步。

加大煤炭清洁利用技术的研究开发投入，实行引进技术与自主研发相结合。以产业联盟方式组织技术研发和引进，加快洁净煤技术商业化。鼓励国内大企业与研究机构合作的技术创新联盟，有效整合研发投入，选择若干关键共性技术集中攻关或统一引进国外先进技术消化吸收，加快洁净煤技术商业化。

继续完善排污许可证制度和排污收费制度，制定有利于火电厂污染物减排的经济政策。

2. 建立健全固体废弃物回收制度

通过立法确立利益相关方责任，适当延伸生产企业的责任，以回收率为标准对生产商和销售商建立奖励和惩罚制度，对汽车等特殊行业设计专门的回收责任制度。

对回收处理企业实行鼓励性的税收政策，以多种形式加大对废弃物循环利用设备研发和生产的支持。对引进大型回收处理设备、开展废旧产品回收再利用的制造商，对其相关的固定资产投资实行消费型增值税、加速折旧和特别退税等。针对石化产品、纸张和金属等可回收再利用的资源开采和加工，收取资源税，提高使用一次资源的成本，调动企业进行资源再利用的积极性；对电子产品等可利用程度较高的废弃物，可以借鉴国际经验，实行“存款－返还”的模式，按照产量直接提取污染费，提高抛弃产品的成本和回收利用的收益。

建立多种形式的废弃物回收系统，细化收集分类。对于厂家可以集中回收利用的产品，依靠厂家建立回收系统。对于污染危害大、分散使用的产品，设立专项资金专用回收网点。

加大对废弃物分类回收的宣传力度，强化居民对固体废物回收利用意识。在义务教育阶段设立专门的课外教育活动，培养中小学生的废弃物回收意识，并开展相应的活动。

3. 大力提倡和鼓励绿色消费

建立绿色产品和服务标志制度，引导消费者绿色消费。借鉴德国蓝天标志的经验，由国家质监部门、行业、消费者协会等共同参与制定绿色标志标准，建立公众参与的公开评选机制。

鼓励使用节能减排等绿色产品。借鉴有关国家降低新型绿色产品消费税的经验，对购买和使用具有环保效益的产品给予一段时间的减收增值税，以降低节能减排产品的价格。

政府带头实行绿色采购。在《政府采购法》中，增加对政府采购产品和服务的环保要求，优先采购绿色产品和服务。实行全国统一政府采购标准，建立公开、透明的政府采购市场，防止政府采购中的地方保护主义。

对计算机办公用品和家电等实行强制报废制度。在《消费者保护法》中明确过期不予维修的原则，逐步建立和完善生产者回收责任制。

4. 完善碳排放权交易市场

一是加强基础性制度建设。探索建立与碳资产和碳交易相关的会计准则，在碳交易试点企业中率先推行，根据实践的效果，不断进行完善。二是探索建立碳交易市场信息披露制度，增加配额分配和碳排放的透明度。监管机构尽快出台碳排放信息披露规则和内容要求，从鼓励自愿披露逐渐转为强制性披露。三是实现交易产品和交易方式多样化的试点。在探索这些制度的同时，应该研究制定相应的监管规则。试点过程中发生了风险，应及时完善监管制度和纠偏。

执笔人：吕　薇

参考文献

[1] 全国人民代表大会常务委员会执法检查组关于检查《中华人民共和国大气污染防治法》实施情况的报告，2014-10-29

[2] 徐绍史．国务院关于节能减排工作情况的报告．中国人大网，2014-04-21

[3] 国务院发展研究中心、世界银行联合课题组．2030年的中国——建设现代、和谐、有创造力的高收入社会．中国财政经济出版社，2013

[4] 李佐军主编．中国绿色转型发展报告．北京：中共中央党校出版社，2012

[5] 吕薇等．实施区域创新驱动发展战略的制度与政策研究．北京：中国发展出版社，2014

[6] 王志轩．直面雾霾——中国电力发展与环境保护新思考．北京：中国电力出版社，2014

[7] 吕薇，石光．环境保护要约束与激励并举．中国经济时报，2013-11-21

[8] 石光．环境监管需加强力量，重心上移．中国经济时报，2013-08-08

[9] 吕薇．政府如何利用市场机制促进技术创新．中国经济时报，2014-10-28

[10] 国务院《节能减排“十二五”规划》，国发〔2012〕40号文，2012-08-06

[11] 中华人民共和国环境保护部．2013年中国环境状况公报．2014-06-05

[12] 德国环境、自然保护和核安全部．德国资源高效计划 German Resource Efficiency Programme（ProgRess）（《德国资源高效计划》），2012，见 www. bmu. de/english。

第二章

北京市绿色发展的体制机制与政策

近年来，北京市经济社会发展面临的资源与环境约束日益增强，迫切需要推进节能减排工作，加强废弃物处理，促进绿色消费，用较少的资源消耗和环境影响得到更多的产出。但是，由于受到体制机制限制，还存在部门分割、盲目追求规模和速度、监管不力等问题，要进一步推动绿色发展，就要加大改革力度，扫除体制机制障碍，针对问题制定促进政策。

一、北京市绿色发展的总体思路和成就

2001 年北京市申办奥运会成功后，在优化产业结构、提高绿色发展水平方面作出了很大的努力，取得了一定的成效。奥运会成功举办后，面对日益严峻的资源环境压力，北京市传承绿色奥运理念，制定了《“绿色北京”行动计划（2010－2012 年）》，通

过构建生产、消费、环境三大体系，实施九大绿色工程，完善十项保障机制，为建设成绿色现代化都市奠定基础。

由于绿色发展是一项系统工程，需要各有关方面协调配合，《“绿色北京”行动计划（2010－2012年）》强调工程，在体制机制方面创新不多，没有设计多部门协调配合机制。2011年8月，北京市发布《“十二五”时期绿色北京发展建设规划》（以下简称“绿色发展规划”），这是北京市“十二五”国民经济和社会发展规划体系的综合专项规划之一。绿色发展规划制定了“十二五”期间的绿色发展目标，从生产体系、消费体系、环境体系三个方面明确了推进北京市经济社会绿色转型的工作重点，并对落实规划的体制机制进行了设计，即强化标准引导、完善监督评价考核、深化财税价格调控、发挥市场机制作用、加强区域协作、广泛动员社会参与。见表2.1。可以说，绿色发展规划是近期北京市推进绿色发展的纲领性文件，其设计的体制机制在不打破原有格局的情况下，整合各种资源，实现了体制机制创新。

表2.1　“十二五”时期“绿色北京”建设重点指标及目标

指标名称			单位	目标	性质
绿色生产	1	新能源和节能环保产业销售收入总额	亿元	2000	引导性
	2	煤炭消费总量	万吨	<2000	约束性
	3	可再生能源利用量占能源消费总量比重	%	6	约束性
	4	万元地区生产总值能耗下降	%	17	约束性
	5	万元地区生产总值能耗二氧化碳排放下降	%	18	约束性
	6	万元地区生产总值水耗降低	%	15	约束性
	7	资源产出率提高	%	15	引导性

续表

指标名称			单位	目标	性质
绿色消费	8	二级及以上能效产品市场占有率	%	≥80	引导性
	9	重点食品安全检测抽查合格率	%	>98.5	约束性
	10	节能建筑占现有民用建筑的比例	%	67	约束性
	11	中心城公共交通出行比例	%	50	引导性
	12	生活垃圾资源化率	%	55	约束性
		其中：居民小区生活垃圾分类达标率	%	80	引导性
	13	再生水利用率	%	75	约束性
生态环境	14	空气质量二级和好于二级天数的比例	%	80	约束性
	15	二氧化硫排放总量减少	%	13.4	约束性
	16	氮氧化物排放总量减少	%	12.3	约束性
	17	化学需氧量排放总量减少	%	8.7	约束性
	18	氨氮排放总量减少	%	10.1	约束性
	19	全市林木绿化率	%	57	约束性
	20	人均公共绿化面积	m^2	16	引导性

资料来源：《北京市“十二五”时期绿色北京发展建设规划》。

根据绿色发展规划，由北京市应对气候变化及节能减排工作领导小组负责协调工作。具体工作由北京市发展改革委牵头，经信委、住建委、交通委、市政市容委、环保局、林业局等相关部门和各区县合力推动各项任务落实。

2011～2013年，北京市以1.88%的能耗增长支撑了年均7.88%的经济增长，万元GDP能耗、水耗、二氧化碳排放分别累计下降15.68%、17.6%和16.89%，各项指标将提前超额完成“十二五”规划目标。2011～2013年，二氧化硫、氮氧化物、化学需氧量、氨氮4类主要污染物排放总量分别累计下降16.6%、15.9%、10.9%和10.3%，林木绿化率达到57.4%，人均公用绿地面积达到 15.7 平方米，绝大多数指标提前两年完成了“十二五”规划目标。截至 2013 年底，北京市二级及以上能效产品市场占有率达到75%，中心城公共交通出行比例达到46%，生活垃圾资源化率达到49.88%，居住小区生活垃圾分类达标率达到60%，再生水利用率达到63%，各项指标稳步提升。

北京师范大学、西南财经大学、国家统计局中国经济景气监测中心联合发布的《2013 中国绿色发展指数报告》显示，北京市以0.721 的总得分遥遥领先，在省际绿色发展指数测算体系中名列第一。

二、生产领域的节能减排

北京市在节能减排方面的主要做法是，通过关停搬迁、升级改造，促进已有产业的节能减排；通过准入限制、能评环评等措施，从源头控制新增产业的污染物排放和能耗；通过合同能源管理和碳排放权交易等市场化手段，提高节能减排效率；加强基础能力建设，提高监管能力。

（一）已有产业的调整提升

对不符合首都发展方向的高能耗、高污染产业，主要采取关停手段进行调整。近年来，以首钢、北京焦化厂、北京化工二厂等企业为代表的近千家企业实现搬迁或关停，对全市节能减排工作作出了突出贡献。

2014 年 11 月，北京市人大表决通过《北京工业污染行业、生产工艺调整推出及设备淘汰目录（2014 年版）》，这是《北京市大气污染防治条例》后发布的首份针对污染行业的淘汰退出目录。该目录的内容涉及建材、化工、电镀、铸锻造、家具等 11 个工业大类行业，105 个污染行业工艺、50 项落后生产设备被明确列入“负面清单”，基本覆盖了北京工业领域近三年计划实施调整退出的污染行业，并明确了退出时限，大多数需要立即退出。105 个污染行业工艺中，有 65 项严于国家标准，比例高达 60%，其中有 36 项是在国家《产业结构调整指导目录》中完全没有提及的，另外 29 项在国家目录里虽有提及，但北京市的要求更为严格。目录涉及的企业，将通过行政手段、执法手段、经济手段相结合的方式促使其退出。有关部门不再为其办理规划、土地审批等手续，不再换发生产许可证，还会列入环保执法的重点监察对象，直到污染环节完全停产退出。此外，政府还将采取差别化的水价、电价。对于退出企业，采取以奖代补方式给予支持，最高可达 300 万元。

由于装备、技术落后造成高耗能、高污染的行业，有通过升级改造改善能耗和排放的潜力，主要通过实施技术改造进行提升。2012 ~ 2014 年，北京市实施《北京市用能单位能源审计推广实施方案 2012 – 2014 年》，对未完成年度节能考核目标、能源利用状况报告审核不合格的年综合能耗 5000 吨标准煤以上的重点用能单位，实施强制能源审计，其余高耗能单位实施鼓励性能源审计并给予相应财政奖励、资金支持；强化监察检测结果应用，采取合同能源管理或节能改造等后续措施，及时处理违规行为。2013 年 9 月，北京市政府印发了《北京市 2013 – 2017 年清洁空气行动计划》，提出源头控制、能源结构调整、机动车结构调整、产业结构调整、城市化精细管理、空气重污染应急减排等措施。2013 年 11 月，北京市发展改革委、市财政局、市环保局发布《北京市清洁生产管理办法》，全面推行清洁生产，安排了节能减排专项资金促进该项工作，单个项目政府补贴原则上不超过 30%，支持力度较大。《清洁生产促进法》只规定了给予财政支持，并没有明确支持力度。北京市财政对节能技改给予补贴，工业项目补贴 600 元/吨标煤，非工业项目补贴 800 元/吨标煤。

2010 年至 2014 年 11 月，北京市累计完成建筑节能综合改造 2813 万平方米，供热计量收费面积 1.59 亿平方米，完成 29 家市级公共机构节能改造和 10 家数据中心节能低碳示范改造，启动了一批重点用能单位节能低碳改造工程。2013 年，全市优质清洁能源消费比重达到 77% 左右，新能源与可再生能源占比达到 4.5% 左右。

（二）新增产业的源头控制

北京市通过强化能评和环评审批的源头控制作用，要求新建项目单位产品（产值）能耗达到国际先进水平，对于新增排放量的工业建设项目实施“减二增一（即以新代老、总量减半）”的削减量替代审批制度。试点碳评，将二氧化碳排放评价纳入节能评估和审查。

在能评、环评和正在尝试的碳评工作中，突出标准引领，制定了“节能低碳标准制（修）订方案”，计划制（修）订150项标准，要求均高于国家标准。例如，全市新建居住建筑实行“75%节能设计标准（以1980～1981年的建筑能耗为基础的节能标准，每平方米采暖面积一个采暖季耗标准煤6.25公斤以下）”，城镇新建项目全面实行绿色建筑标准。截至2014年11月，已发布实施45项标准。

2014年7月，北京市立足首都城市战略定位，从控制产业增量入手，由市发展改革委等10个相关部门共同发布了《北京市新增产业的禁止和限制目录》，从源头对高耗能、高耗水、高污染的产业进行限制，引导社会资源投向符合首都城市战略定位的产业。《北京市新增产业的禁止和限制目录》分不同的城市功能区，从能耗、水耗、土地利用水平、用工情况4个方面设定准入标准。既包括全市都要禁止或限制的行业，如建材、造纸、纺织等一般制造业，燃煤发电，区域性物流基地、区域性专业市场等，也包括在4类功能区各自要限制的功能和产业，如核心区（东城区、西城区）严格禁止制造业、建筑业、批发业，禁止新建和扩建高等学校、大型医院，严格限制酒店、写字楼、展览馆等大型建筑。

（三）合同能源管理

合同能源管理（Energy Performance Contracting，EPC）是一种

新型的市场化节能机制，其实质是以减少的能源费用来支付节能项目成本的投资方式。这种投资方式允许客户使用未来的节能收益为工厂和设备升级，以降低目前的运行成本。能源管理合同在实施节能项目的企业（用户）与专门的节能服务公司之间签订。合同能源管理是20世纪70年代在西方发达国家开始发展起来的一种基于市场运作的节能机制，有利于促进节能改造并提高效率。

国家支持和鼓励节能服务公司以合同能源管理机制开展节能服务，享受财政奖励、营业税免征、增值税免征和企业所得税免三减三优惠政策，并制定了国家标准《合同能源管理技术规范（GB/T 24915 –2010）》。

根据国务院办公厅转发的《关于加快推行合同能源管理促进节能服务产业发展的意见》，2013年6月，北京市发布《关于进一步推行合同能源管理促进节能服务产业发展的意见》，在落实国家政策的基础上，提高了支持力度，将能源费用托管型（即用能单位委托节能服务公司进行能源系统的节能改造和运行管理）项目纳入市级财政资金奖励范围。国家补贴标准是240元/吨标煤，北京市财政对工业项目再补360元，对非工业项目再补560元，工业项目补贴标准达到600元/吨标煤，非工业项目补贴标准达到800元/吨标煤，与节能技改补贴一致。

截至2014年11月，北京市合同能源管理项目累计节能量为24万吨标煤，带动社会投资6.2亿元。合同能源管理主要应用于服务业，工业领域不多。

（四）碳交易市场

2012 年 3 月 28 日，北京市正式启动碳排放权交易试点。目前，碳排放权交易已经形成了“1 + 1 + N”的政策法规体系，制度框架基本确立。2013 年 12 月，北京市人大常委会通过了《关于北京市在严格控制碳排放总量前提下开展碳排放权交易试点工作的决定》。2014 年 5 月，北京市政府印发了《北京市碳排放权交易管理办法（试行）》。北京市发展改革委会同有关部门印发了《北京市碳排放权交易公开市场操作管理办法（试行）》《关于规范碳排放权交易行政处罚自由裁量权的规定》《北京市碳排放权抵消管理办法（试行）》等 10 多项配套政策文件。

截至 2014 年 11 月，在北京市行政区内源于固定设施排放、年二氧化碳排放量在 1 万吨以上的企业和单位，都已纳入碳排放的履约范围。履约是指重点排放单位每年将获得一定的碳排放配额，各家必须按照这一额数控制自己的碳排放总量。如果超标则需在碳交易市场花钱购买碳排放配额，若未超标则可以将剩余的配额卖出，也可以自己留存使用。

北京市纳入碳排放权交易体系的行业覆盖电力、热力、水泥、石化、其他工业、服务业六大行业，以及高校、医院、政府机关等公共机构。此外，碳交易市场也向投资机构开放，注册资金在 300 万元以上，在节能减排上有经验等符合一定条件的企业，也可以入市。这些投资主体，本身没有碳排放配额，但可以在市场上进行配额的购入和卖出。

2013 年 11 月 28 日，北京市碳排放权交易市场开市交易。截至2014 年10 月31 日，共成交691 笔，累计成交量207. 7 万吨，累计成交额10279 万元。在全国7 个碳排放权交易市场中，交易量排第二，交易额排第三。

2013 年，北京市共有重点排放单位415 家，通过碳排放权交易机制引导，280 余家企业采取了能源审计、加强能源管控、实施节能技改、推进清洁生产等措施，切实减少了能源消耗和二氧化碳排放，并通过市场交易获得了减排收益。经北京市发展改革委初步测算，2013 年重点排放单位碳排放总量同比下降了4. 5% 左右，万元地区生产总值二氧化碳排放同比下降6. 69%，超额完成了2. 5% 的年度目标，利用市场手段推动节能减碳的效果初步显现。

碳排放权实现交易，为植树造林项目提供了新的盈利模式，即出售碳排放权获利，将吸引更多的资金投入。2014 年9 月，首个碳交易抵消项目——顺义区碳汇造林一期项目正式挂牌交易，该项目总面积9452. 2 亩，可用于交易的碳排放量为1197 吨二氧化碳当量。重点排放单位可购买碳汇来抵消其排放量，但使用比例不得高于当年核发碳排放配额量的5%。

2014 年12 月，为更好地推广试点经验，充分挖掘区域环境协同治理潜力，承德市作为河北省的先期试点，率先与北京市启动跨区域碳排放权交易市场建设，待成熟后将在更大范围内推广。

（五）加强基础建设，提高监管能力

北京市发展改革委等有关部门加强了基础能力建设，主要措施包括组建节能监察大队，提高标准、计量、统计能力，建设节能监测平台，培育第三方服务机构。

2007 年，北京市在市发展改革委设立了节能监察大队，负责对重点用能单位实施节能监察，查处节能方面的大案、要案和跨区域案件，指导和协调区县的节能监察工作。例如根据《关于北京市在严格控制碳排放总量前提下开展碳排放权交易试点工作的决定》的处罚措施，2014 年前 11 个月共处罚了 12 家企业。2012 年 2 月，北京市财政局与市发展改革委联合发布《北京市建设节能减排财政政策综合示范城市总体实施方案》，提出建立区县节能监察执法队伍，目前这项工作正在推进。

2012 年，北京市发展改革委制定了能源标准、计量和统计能力建设三年行动方案，包括节能低碳标准制（修）订，行业及企业温室气体排放核算方法和指南、建筑能耗统计指标体系、主要资源消耗量、工业产品能耗等 7 项能耗统计制度研究，启动了全市重点用能单位的计量器具配备状况调研，计划到 2015 年完成 1539 家 2000 吨标煤以上重点用能单位的计量器具配备和智能化升级工作。

《北京市建设节能减排财政政策综合示范城市总体实施方案》提出建成全市统筹联动的“1 +4 + N”节能监测服务平台。“1 +4 + N”节能监测服务平台即 1 个市级综合平台，4 个行业领域（工

业、建筑、交通、公共机构）能耗监测平台，N 个区县能耗监测平台。节能监测平台能够看到实时能耗数据，可以进行后台操作，监测品种包括电、热、煤、油、气、水等多种能源和资源，监测范围包括年耗能 5000 吨标煤企业，市属政府机构及科教文卫体公共机构，2 万平方米以上建筑物，以及轨道、公交、出租、省际、旅游等交通用能单位。目前，一期工程即将建成，截至 2014 年 11 月，已经建成 16 个节能监测服务平台，100 多家企业实现了数据上传。

在能源审计、清洁生产审核、碳核查、绿色金融等方面，北京市通过政府购买服务方式，培育了一批从事节能服务、碳资产、碳金融等业务的服务机构。截至 2014 年 11 月，北京市通过国家统一备案的节能服务公司达到 448 家，居全国首位。

三、污染治理与废弃物再利用

近年来，北京市加快推进污水、垃圾处理设施建设，大力推进大气污染治理。

2013 年 4 月，北京市政府印发《北京市加快污水处理和再生水利用设施建设三年行动方案（2013 - 2015 年）》，目标到“十二五”末，全市污水处理率达到 90% 以上，其中四环路以内地区污水收集率和污水处理率达到 100%，中心城区污水处理率达到 98%，新城污水处理率达到 90%，污泥基本实现无害化处理，实施完成再生水厂、配套管线、污泥无害化处理设施和临时治污工程。三年内，北京市计划新建再生水厂 47 座，升级改造污水处理厂 20 座，新建和改造污水管线 1290 千米，新建污泥无害化处理设施 14 处。为此，北京市政府成立了由主管副市长为组长的市污水处理和再生水利用工作协调小组，统筹协调和指导全市设施建设、政策制定等工作。截至 2014 年 11 月，全市污水处理率达到 84%，再生水利用率达到 63%。

2013 年 4 月，北京市政府印发《北京市生活垃圾处理设施建设三年实施方案（2013 –2015 年）》，目标到 2015 年底，实现新增生活垃圾处理能力 18000 吨/日，处理能力达到 23100 吨/日，资源化处理比例达到 70% 以上，填埋处理比例降至 30% 以下；新增餐厨垃圾集中处理能力 1850 吨/日、源头就地处理能力 150 吨/日，处理能力达到 2750 吨/日；新增垃圾渗沥液处理能力 4320 吨/日，处理能力达到 8510 吨/日，同时增加浓缩液处理功能；新增建筑垃圾资源化处理能力 400 万吨/年，处理能力达到 800 万吨/年；完成 253 处非正规垃圾填埋场治理任务。三年内，北京市计划实施生活垃圾处理设施、餐厨垃圾处理厂和渗沥液处理设施建设任务共 35 项，规划资金 502 亿元。另外，北京市财政对生活垃圾处理给予 150 元/吨的补贴，提高区县建设和运营垃圾处理站的积极性。截至 2014 年 11 月，鲁家山焚烧厂、高安屯餐厨垃圾处理厂等一批垃圾处理项目已经建成投用，新增处理能力 8000 吨/日，生活垃圾基本实现无害化处理，生活垃圾资源化率达到 50. 5%；全市已经建成1000余个再生资源回收站点，居民小区生活垃圾分类率达到60%左右。

为贯彻落实国家《大气污染防治行动计划》，2013年9月，北京市政府印发了《北京市2013－2017年清洁空气行动计划》，目标经过五年努力，全市空气质量明显改善，重污染天数较大幅度减少，到2017年，全市空气中的细颗粒物年均浓度比2012年下降25%以上，控制在60微克/立方米左右。为此，北京市计划实施八大工程，其中末端污染治理减排工程、生态环境建设减排工程属于污染治理，其余工程属于源头减排。主要措施和目标包括：严格环保标准，加快修订重点行业大气污染物排放标准，如低硫散煤及制品标准，建材、石化和汽车制造等行业大气污染物排放标准，挥发性有机物排放标准；实施氮氧化物治理，加强脱硝治理，2015年底全面完成燃煤集中供热中心烟气脱硝高效治理；开展工业烟粉尘治理，实施烟气除尘深度治理，原材料采取有效抑尘措施；加强挥发性有机物治理，到2017年全市工业重点行业挥发性有机物排放量与2012年相比累计减少50%左右；加强植树造林、绿化美化建设，实施百万亩平原造林工程，到2017年全市林木绿化率达到60%以上；扩大水域面积，到2017年累计增加水域面积1000公顷；实施生态修复，如矿山、荒地。截至2014年，全市林木绿化率达到57.4%。

四、推广和促进绿色消费

北京市充分调动政府、企业、居民等多主体参与，大力推广绿色低碳技术产品，促进节能产品销售，积极发展绿色交通，培育绿色生活方式和消费模式，努力构建绿色消费体系。

为加强各类资源整合，促进供需对接，2011 年 4 月，北京市发展改革委、市科委、市经信委、市财政局、市质监局、市金融局、中关村管委会 7 个部门联合搭建了“北京市节能低碳发展创新服务平台”。该服务平台针对在京企事业单位、科技资源单位和需求应用单位，联合组建一个战略合作联盟，由相关部门联合组成平台领导小组，下设综合办公室（设在北京市发展改革委）、专业委员会以及对外服务的网络窗口，加强对节能低碳各个环节的统筹协调和顶层设计，打造集需求调研、技术研发、应用推广和产业化为一体的全链条服务体系。该服务平台每年都会发布节能低碳技术产品推荐目录和典型案例。截至 2014 年 11 月，共征集到 800 余项节能低碳技术（产品），采取政府采购、项目示范、专场推介会方式，已经推广 200 多项新技术、新产品。

2011 年 6 月，在北京市商务委、市发展改革委等单位联合启动的北京市“节能产品推广示范店”创建活动上，发布了《节能产品推广示范店创建活动的通知》。凡注册地和经营场所均在北京市行政区域范围内的商业零售企业，其店面销售多种节能产品品类，节能产品出样率不低于70%，并符合营业面积、销售额等一定条件的，均可参加创建节能超市，政府给予补贴。节能超市采取提示、宣传、隔出专门区域售卖节能产品等方式促进节能产品销售，设置饮料瓶智能回收机等设备方便废弃物回收。2013年，北京市16家节能超市共销售电视机、冰箱、空调等十大类节能产品12.79万台，销售额达到4.68亿元，同比增长15.73%，所售节能家电每年可节约能源约折合7767吨标准煤，有力地推动了生活领域节能和绿色消费。节能产品进超市活动大大提升了消费者对节能产品的认知程度和选购意向，根据北京市发展改革委发布的专业机构调查结果，居民对节能产品进超市活动知晓率、节能产品节能效益消费者认可率、同等条件下优先选购节能产品的比例，2013年分别为65%、98%、98%，同比提升9%、10%、10%。截至2014年11月，北京市共建成节能产品超市门店19家，覆盖东城区、西城区、朝阳区、海淀区、丰台区、通州区、大兴区、房山区、昌平区、怀柔区、密云县11个区县。

按照国家发展改革委、商务部、海关总署、工商总局、质检总局联合发布的“中国逐步淘汰白炽灯路线图”要求，2012年北京市政府颁布《北京市淘汰普通照明白炽灯行动计划（2011－2015年）》，计划到2015年，全市停止进口、销售15瓦及以上白炽灯，公共机构、宾馆、饭店、商场、商用写字楼、工业企业等生产营业性单位停止使用白炽灯。根据北京市发展改革委发布的数据，截至2013年7月，累计推广高效照明产品3700万只，在全国率先实现居民家庭及公共机构绿色照明全覆盖。2014 年 11 月，北京全市二级及以上能效产品市场占有率达到 75% 左右。

北京市不断加快轨道交通建设，调整地面公交线路，大力发展公共交通，鼓励自行车、步行等零碳交通方式出行，扩大绿色出行比例。轨道交通方面，2013 年底轨道交通运营里程达 465 千米，相比 2010 年增长 129 千米，日均客运量 878 万人次/日，最高日客运量达到 1106 万人次/日。截至 2014 年 12 月，运营线路增至 18 条，总里程达到 527 千米。地面公交方面，通过建设公交专用道、大容量快速公交系统，优化公交线路，增开微循环公交线路，改造公交站台，落实出租车综合整治等措施，方便市民公交出行，提高出行效率，如公交专用道由 2010 年的 294 千米增加至 2013 年的 358 千米。2013 年，全市共完成客运量 92.9 亿人次，同比增长 5.0%；其中轨道交通客运量 32.0 亿人次，同比增长 30.2%；公共交通出行比例由 2012 年的 40% 提高到 46%。实施道路自行车步行基础设施改造，截至 2014 年 11 月，已建成约 2 万辆规模公共自行车租赁系统。

在新清能源车辆发展应用方面，北京市加大新清车辆推广力度，除执行国家政策外，制定了《北京市电动汽车推广应用行动计划（2014－2017 年）》《北京市示范应用新能源小客车管理办法》《北京市纯电动汽车示范推广市级补助暂行办法》《北京市示范应用新能源小客车财政补助资金管理细则》《北京市示范应用新能源小客车自用充电设施建设管理细则》《关于推进物业管理区域

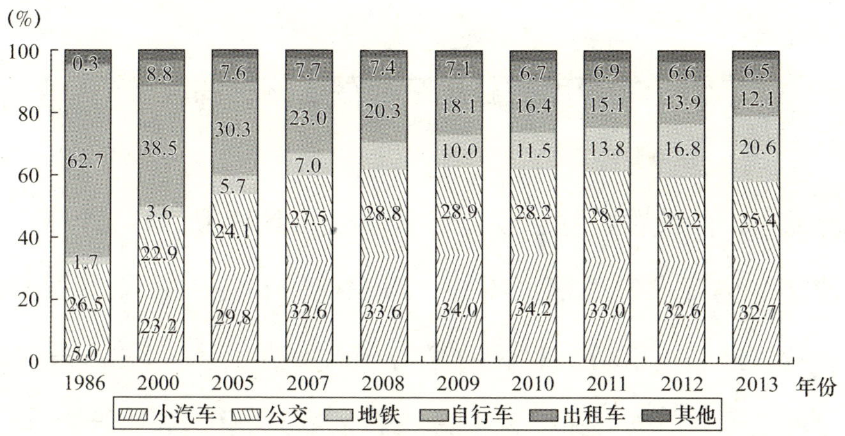

图 2.1　北京市历年交通出行方式构成

新能源小客车自用充电设施安装的通知》等地方政策和措施。对于小型、微型纯电动汽车及燃料电池汽车，在国家补贴基础上，北京市再补贴同样比例，但国家和市财政补贴总额合计最高不超过车辆销售价格的60%。市级行政事业单位购买及使用纯电动汽车，车辆购置及运行费用按照部门经费来源渠道由市财政部门统筹安排解决；区（县）行政事业单位购买及使用纯电动汽车，车辆购置及运行费用由区（县）财政部门按照同类传统燃油车支出成本承担，市财政部门承担超出部分费用。对于非电动清洁汽车，目前按减排量补贴600～800元，但此项政策2014年底结束。根据《北京市2013－2017年清洁空气行动计划》，2017年全市新能源和清洁能源汽车应用规模将达到20万辆。根据《新能源汽车蓝皮书：中国新能源汽车产业发展报告（2013）》，2011年至2013年上半年，我国共计销售新能源汽车2.4万辆，北京以3388辆排名第三。

五、北京市经验总结与存在的主要问题

北京市能够推进绿色发展，除了资源环境形势日益严峻、首都功能定位要求等外部压力外，组织保障机制、系统规划设计、指标考核推动、市场机制驱动等内在因素也很重要。要进一步推进绿色发展，还需要在提高认识、提高执行力、提高监管能力、理顺利益关系、加强宣传和引导等方面多做工作。

（一）北京市绿色发展的经验

建立了强有力的组织保障机制。北京市市委常委会、市政府常委会多次对节能减排、环境保护等问题进行研究部署。成立了首都城市环境建设委员会、市大气污染综合治理领导小组、市应对气候变化及节能减排工作领导小组等机构，市主要领导任负责人，落实牵头机构和责任机构，构建了多部门齐抓共管、全社会合力推动的节能减排工作格局。统筹协调力度大，是真抓实干，不是消极应付。

进行了系统的规划和设计。绿色发展涉及领域广，国家法规政策和主管部门多，北京市通过系统规划，既按“条条”落实国家政策，又按“块块”制定了地方特色的政策措施。如北京市积极落实《节约能源法》《清洁生产促进法》《固体废弃物污染环境防治法》《城市生活垃圾管理办法》等国家法规政策，出台了《北

京市实施〈节约能源法〉办法》《北京市清洁生产管理办法》《北京市生活垃圾管理条例》等多项地方法规政策，编制发布了节能减排及应对气候变化等10多个专项规划，出台了清洁空气行动、节能减排全民行动等多个具体领域的计划方案，制定了合同能源管理项目扶持办法、节能监测暂行管理办法、能源管理师试点管理办法和清洁生产管理办法等一系列配套文件。

通过节能减排目标责任制强力推动。北京市每年都要召开由市长主持的节能减排工作计划会议，实行能耗强度和能源消费总量“三级双控”机制，将节能指标下达16个区县、17个重点行业领域主管部门和57家重点用能单位；实施主要大气污染物和水污染物排放总量控制，“条块结合”分解下达四类主要污染物减排目标。市政府与区县政府、重点用能单位、排污企业签订节能目标责任书、污染物减排目标责任书，实行节能减排年度目标考核制度。

通过市场机制驱动，提高节能减排效率。北京市政府在国家鼓励专业节能公司以合同能源管理方式开展服务的基础上，地方财政给予更高的补贴，引导节能服务公司与用能单位之间开展合作。北京市是碳排放权交易试点城市之一，目前已经构建了较为完善的制度框架，市场开始运转，并初步显现了效果。在已有项目节能减排技改、新建项目审批、节能产品推广、节能超市建设等方面，主要通过标准、补贴、采购、推介等市场化方式进行引导，并引入了第三方服务机构。

（二）存在的主要问题

相关领域法律、法规的执行力尚显薄弱，相关基础设施与服务能力的建设投入保障力度仍然不足。总体上看，法规建设比较完善，但执行落实还有待加强。管理方式以行政管制为主，事中和事后监管薄弱。如能评制度还未能充分发挥应有作用，对违规违法行为的惩罚力度不高，节能减排降碳工作的刚性约束仍较弱。数据统计能力建设相对滞后，计量体系不完善，基础支撑工作还需加强。目前及今后一定时期内，北京市将处于基础能力建设投入高峰期。

部门之间的利益关系还需要进一步理顺，市场化调节手段需要进一步完善。例如，由于分属不同部门管理，余热利用的产物难以进入市场。污水处理费随同水费缴纳，达标企业仍然需要缴纳污水处理费，虽然费用减半，但仍然较高，影响企业处理污水的积极性。垃圾消纳费不按分类情况区分收取，对垃圾分类行为只有倡导，没有经济调节手段，分类效果比较差，截至 2014 年 11 月实现分类的垃圾仅有 900 吨，而规划目标是 9000 吨。对节能减排的正向经济激励不足，无法有效调动全社会保护环境的积极性。

三产比重不断提高，节能减排监管越来越困难。北京市三次产业结构已经由 2000 年的2. 5∶32. 7∶64. 8 调整为 2013 年的 0. 8∶22. 3∶76. 9，2013 年北京市服务业增加值为 14986. 5 亿元，占地方 GDP 的比重高达 76. 9%，对经济的现价贡献率达到 79. 2%，已经建成了服务经济主导的产业格局。三产用能和排放的特点是高度分散，节能减排监管难度加大，节能减排成本增加。

各界对节能减排降碳工作的认识还有待提高，“上项目、拉经济”的意愿还很强烈。传统的粗放式发展模式仍在一定程度上延续，高消耗、高排放、低产出的生产方式仍然存在，资源能源的投入产出效率仍需进一步提高。绿色消费尚未成为社会风尚，市民自觉、深度参与绿色北京建设的内生动力还不足，相应的激励约束机制还不健全。

六、政策建议

绿色发展需要依靠市场机制推动，但也有外部性较强的特点，存在较多市场失灵情况，需要政府规制、激励政策和市场机制协同发挥作用。既要加强政府规制，也要使用财政资金引导社会资金，还要继续加强合同能源管理和碳排放权交易等市场手段。

加大政策法规的执行力度，增加财政投入。管理方式从前端审批为主，转向事前审批与事中、事后监管并重，调整管理人员配比，适当减少审批人员，增加监管人员，加大对违法违规行为的处罚力度。随着绿色发展水平提高，节能减排重点领域转向服务业和建筑业，节能减排的成本不断增加，建议适当加大财政对绿色发展的投入。

继续加强节能减排监管能力建设，夯实基础能力。加大基础设施建设投入力度，推进监管平台建设，利用技术手段实现智能化、实时化、精确化监管，重点用能单位的认定标准可以视需要适当降低，不断扩大覆盖面。完善节能低碳标准，完善建筑、交通、公共机构等重点领域能耗统计制度，落实重点用能单位能源利用状况报告、能源审计等管理制度。

多用市场化调节手段，尽量较少行政干预。污水处理、垃圾分类等收费项目按照绿色发展的要求分类收费，能够完成污水处理、能够做到垃圾分类的收费标准要有奖励性降低，反之则惩罚性提高，通过费用分类调动全社会保护环境的积极性。完善碳排放权交易市场，积极推进跨区域交易。完善合同能源管理机制，扩大项目规模和范围，尤其是推广到工业领域。推行环境污染第三方治理，积极引导社会资本参与污水处理、垃圾处理和污染治理项目的建设运营。但是，政府补贴应针对节能减排效果，不应针对特定的技术路线。

理顺管理部门之间的关系。对于余热利用、垃圾处理等涉及多个部门之间利益分配的事项，由市政府负责协调，推动节能减排项目所产生的热、电等产品进入市场。大力发展循环经济，推动资源多级循环利用，提高资源产出效率。

根据实际难度，调整节能减排指标。在提出绿色发展的初始阶段，由于节能减排空间大，年度减排指标可以稍高一些。随着绿色发展程度越来越高，节能减排的空间也会越来越小，有些领域甚至已经达到世界一流的能耗和排放水平，这时再要节能减排，难度会非常大，相应指标也应随之调整。建议参考日本领跑者制度，把行业内最高水平的能耗和排放作为标准，要求其他机构若干年后达到领跑者标准，而不是每年减少一定比例。

实施创新驱动绿色发展战略。整合政策、技术、资金、服务等资源，在节能、减排、水资源利用、垃圾处理、废气治理、新能源等领域突破一批产业化重大关键技术和成套集成技术。充分发挥节能低碳发展创新服务平台作用，加快推广新技术新产品，培育新的绿色增长点，促进已有产业的转型升级。

对于地方政府没有权限的事项，或者涉嫌地方保护的事项，应该在国家层面统筹考虑，出台全国性政策。例如调整地方政府的政绩考核内容，制定节能减排相关的普惠性税收优惠政策，颁布限制高耗能产品上市的法规，支持地方制定高于国标的地方标准，修订《循环经济促进法》《城市生活垃圾管理办法》等国家法规政策。

执笔人：沈恒超

参考文献

[1] 北京市．“十二五”时期绿色北京发展建设规划．2011

[2] 北京师范大学，西南财经大学，国家统计局．2013 中国绿色发展指数报告．北京：北京师范大学出版社，2013

第三章

深圳市促进绿色发展的典型经验与体制机制研究

深圳不仅是我国著名的创新中心，也是我国绿色低碳发展的典型城市，已经获得过国内外多种荣誉和奖励。深圳推动绿色低碳发展起步较早、思路清晰，在许多方面推出了切实可行的政策措施，有很多做法可供国内其他城市借鉴，值得深入剖析和研究，以期提供“可复制”“可推广”的经验，带动国内更多地区走上绿色发展之路。

一、深圳市促进绿色发展的思路、经验及政策建议

（一）深圳市近年来推动绿色低碳发展的总体思路

从总体思路来看，深圳市谋划绿色发展最早是从产业结构调整升级入手，通过调控产业布局降低能耗和排放水平。随着产业

结构的持续优化，深圳市又在城区布局规划、推广绿色建筑、倡导绿色交通、绿色园区试点、提高全民绿色意识等方面做了大量的工作，政策机制不断完善，形成了全面推动绿色发展的新格局。

1. 通过推进产业结构调整，不断降低工业能耗和排放

“十五”期间，深圳提出要以高新技术产业、现代物流业、现代金融业为支柱，以传统优势产业为基础，实现三次产业协调发展和全面升级。“十一五”期间，“创新”和“生态”成为深圳市发展思路的两个关键词，深圳明确提出：要坚持紧约束条件下新的资源观，强力发展循环经济，进一步优化经济结构，提高发展质量，保护生态环境；实施产业强市、生态立市战略，产业结构调整和布局优化取得新进展，第三产业加快发展，2010 年基本建成国家生态市。

“十二五”期间，深圳市在发展观念上又有了重大转变，提出要在未来一段时期走“质量型发展”之路，从“深圳速度”向“深圳质量”转型。要使产业结构进一步合理化，尤其是要进一步提高服务业、高技术产业和战略性新兴产业在经济结构中的比重，从而在经济总量大幅提升的前提下，逐步实现单位产出物耗、能耗显著下降的目标（详见表 3. 1）。

2. 规划“组团式”城市，从地理上打造绿色布局

从 2005 年开始，深圳就划定了国内第一条生态控制线，并制定了国内第一部关于保护城市整体生态系统的法规——《深圳市基本生态控制线管理规定》，将 974 平方千米土地正式纳入了基本生态控制线范围，约占全市陆地总面积的 50%。

表 3.1　　“十二五”深圳市产业优化与绿色发展的主要目标

目标类别	目标对象	目标值（2015 年）
能源资源耗费	万元 GDP 建设用地	比 2010 年末下降 25%
	万元 GDP 能耗	比 2010 年末下降 19.5%
	万元 GDP 水耗	比 2010 年末下降 20%
产业优化升级	第三产业增加值占 GDP 比重	60%
	高技术产业增加值占 GDP 比重	>35%
	战略性新兴产业增加值占 GDP 比重	>20%
	引进世界 500 强跨国企业、中国 500 强等总部企业	40~50 家
	培育超千亿元的产业集群	5~8 个

资料来源：《深圳市国民经济和社会发展第十二个五年规划纲要》。

《深圳市经济特区总体规划（1986－2000）》首先提出了“带状组团式”的城市规划理念。《深圳市城市总体规划（1996－2010）》进一步提出，以特区为中心，以西、中、东三条放射发展轴为基本骨架，梯度推进的“组团集合”布局结构。“十二五”时期提出的《深圳市城市总体规划（2010－2020）》则明确以中心城区为核心，以西、中、东三条发展轴和南、北两条发展带为基本骨架，形成“三轴两带多中心”的轴带组团结构。

这种“组团式”结构对降低深圳市的生活能耗非常有帮助。如图 3.1 所示，深圳的组团式规划为城市预留了通风道和生态廊道，完全适应了其亚热带海洋性气候特点，显著降低了城市的热岛效应，有效削减了居民和企业制冷能耗。

3. 积极发展绿色交通

深圳市是国家首个“公交都市”示范城市，也是交通运输部

图 3.1　深圳市“组团式”城市规划

资料来源：深圳国际低碳城会展中心展板资料。

确定的首批 10 个低碳交通运输体系试点城市之一，以及绿色循环低碳交通城市区域性项目试点之一。为了推行绿色交通，深圳在三个方面作出了努力。

一是开展交通运输重点节能减排工程。严格执行车辆燃料消耗量限值标准，不符合道路运输车辆燃料消耗量限值标准的车辆不准进入市内道路运输市场；对客车实载率低于 70% 的线路不予投放新运力；推行甩挂运输，发展绿色物流；提升车用燃油标准，全面推广使用国四排放标准车用燃油，对新车上牌全面执行国四排放标准；加快淘汰“黄标车”，限行方式由“路段限行”调整为“尾号限行”。

二是推广应用新能源与清洁能源汽车。按照深圳市委市政府关于低碳交通、绿色出行及发展新能源汽车产业的统一部署，市交通委从 2009 年以来，不断加大新能源汽车在公交和出租车行业的推广应用。

三是绿色低碳港区建设项目。全面推进盐田、赤湾、蛇口、大铲湾等主要港口装卸机械的“油改电”项目改造；推广使用LNG港区内拖车；加快推进港口船舶岸电、船用低硫油应用。

4. 推广绿色建筑

《深圳市建筑节能与绿色建筑“十二五”规划》提出，到2015年，全市建成绿色建筑面积2000万平方米，新建政府投资建筑实行绿色建筑标准比率达到100%。为了达成这一目标，深圳逐步建立了建筑节能与绿色建筑标准体系，以综合反映深圳气候、经济和技术特点为原则，陆续发布了《深圳市居住建筑节能设计规范》《深圳市居住建筑节能设计标准实施细则》《公共建筑节能设计标准实施细则》《深圳市绿色建筑设计导则》《深圳市绿色物业管理导则》《深圳市绿色建筑促进办法》等相关标准和规范文件。

深圳以本地适宜为原则，大力推行自然通风、采光、遮阳、立体绿化等建筑节能技术。在不改变原有建筑结构体系的前提下，对建筑内部进行功能改造，营造出既有历史底蕴、又富有时代特色的空间环境，吸引创意文化企业入驻。许多建筑运用了大量先进的绿色技术，在节能、节材、节水、环保等方面做了许多尝试改造，使采光、通风、外形、内部环境质量与空间构造、景观等方面都得到了大幅改善，对文化、创意、科技研发等企业具有很强的吸引力。

5. 积极建设绿色低碳试点园区

在全面推进低碳发展的同时，深圳选择国际低碳城开展低碳示范城区建设，聚集低碳技术和资源，重点探索尚处于工业化城镇化阶段的区域如何在发展经济、改善民生和应对气候变化、降低碳排放强度两个方面同时取得有效进展。深圳国际低碳城位于发展相对滞后的龙岗区坪地街道，规划面积53平方千米，努力打造成为国家低碳发展综合试验区和服务国家“低碳外交”① 的重要平台。为了顺利推进低碳城建设，深圳做了多方面的努力。

一是制定低碳城发展指标体系，探索碳排放约束条件下的新型城镇化发展。在对本地基本生态和碳排放情况进行摸底的基础上，参考国内外200余个低碳生态城市的指标体系，制定深圳低碳城的发展目标和指标体系，并分解到规划、用地、建设和运营管理等各领域。努力实现在经济和城市快速发展的同时，万元GDP碳排放量也逐步下降。二是调整完善城区发展功能，将碳排放约束融入城区规划。按照产城融合、以产为主的原则，重新研究调整原有区域规划，探索建立产业规划、空间规划、用地规划和低碳规划“四规合一”的规划体系。三是编制低碳城产业准入目录，探索建立项目碳排放评价体系。重点发展节能环保、航空航天、生命健康、新能源和都市农业等低碳型高端产业，通过转型升级推动落后区域实现跨越式发展。通过建立项目碳排放评价体系，

① 所谓“低碳外交”，主要是指组织低碳领域的国际交流，以及主办或协办相关国际组织的一些推广活动。

确保新建设项目符合低碳排放要求。四是通过打造低碳城市基础设施示范试点，营造良好的生产生活生态环境。

6. 提高全民绿色发展意识

深圳积极推动学校环保教育活动，为深圳的教育增添了新的生机与活力。在短短的10多年时间里，环保教育已成为深圳最重要的学校教育特色。

2010年6月，深圳市率先在全国发布首个低碳宣言——《深圳市民低碳生活公约》，提出了少用一次性用品、选择低碳公共交通工具、合理饮食、选购节能电器、家庭垃圾分类收集、尽量少乘坐电梯、节约用水、减少空调使用时间、不选用过度包装产品等低碳生活方式，号召全体市民共同营造低碳生活氛围。深圳还专门设立了一年一度的“市民环保奖”评选活动，旨在宣传“人人参与环保，共建绿色家园”的理念。

（二）深圳市推动绿色发展取得的主要成效

经过多年来的努力，深圳市在绿色发展方面取得了非常显著的成效。2011～2013年，深圳经济年均增速超过10%、每年新增GDP1000亿元以上，但资源能源消耗持续下降，万元GDP能耗、水耗三年累计分别下降13.4%、33.4%，形成了资源节约、环境友好的发展态势。

1. 产业转型升级，单位GDP能耗不断降低

深圳的产业结构升级经历了四个历史阶段，如图3.2所示。近年来，第二产业占 GDP 比重出现了明显下降的趋势，第三产业的比重则不断上升。

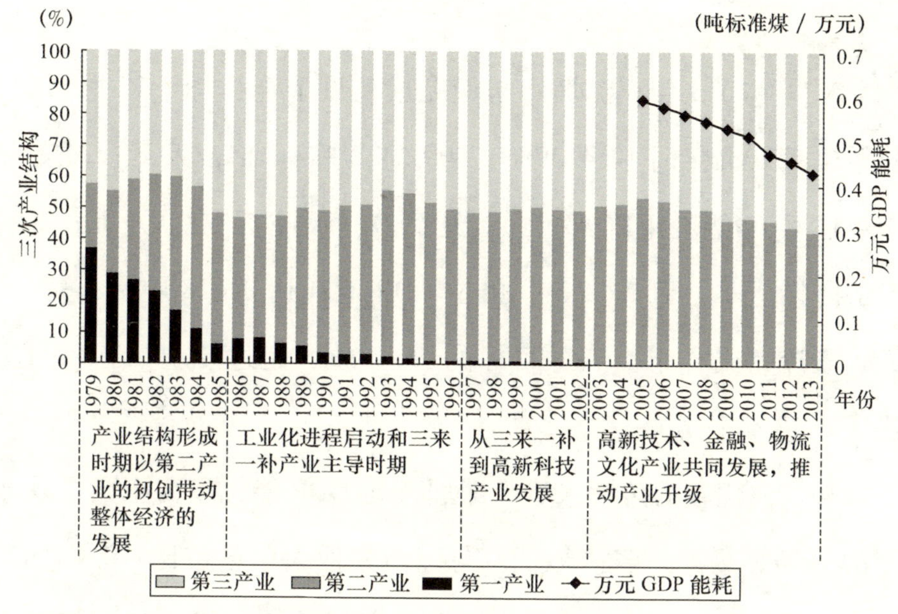

图 3.2　深圳产业升级与能耗的关系

资料来源：深圳国际低碳城会展中心展板资料

而且，从产业内部来看，战略性新兴产业和现代服务业成为引领第二、第三产业发展的引擎。互联网、生物制药、新能源、新材料、新一代信息技术、创意产业六大战略性新兴产业总体增速为深圳整体经济增速两倍以上。2013 年高新技术产品产值达 1.41 万亿元，其中具有自主知识产权的高新技术产品产值为 8649 亿元，超过 61%。金融、物流、文化等现代服务业发展势头良好。2013 年末全市国内金融机构人民币存款余额 29831 亿元，金融机构本外币各项存款余额合计 33943 亿元。物流业蓬勃发展，2013 年深圳港完成集装箱吞吐量 2327.8 万标准箱，比中国香港多出近 100 万标准箱，首次超越香港，跃居全球第三。文化产业保持良好态势，2013 年实现增加值 1085.94 亿元，增长 14.5%，占 GDP 比重达 7.5%。

2011～2013 年，深圳均超额完成年度节能目标。其中，2011 年单位 GDP 能耗下降 4.39%，为 0.472 吨标准煤/万元；2012 年市单位 GDP 能耗下降 4.51%，达到 0.451 吨标准煤/万元；2013 年的降幅更是达到 5.12%，单位 GDP 能耗达 0.428 吨标准煤/万元，累计完成“十二五”目标的 66.13%，超过“十二五”目标进度 6.13 个百分点。

从横向比较的角度来看，深圳万元 GDP 能耗仅为全国平均水平的 70%，为广东省内最低。与国内其他大中城市比，深圳的节能减排成绩单也非常出色。2013 年，深圳单位 GDP 能耗仅略高于北京市的 0.425 吨标准煤/万元，显著低于广州的 0.482 吨标准煤/万元和上海的 0.542 吨标准煤/万元，更不用说苏州、天津、重庆这些超过 0.6 吨标准煤/万元的城市。

2. 新能源汽车广泛应用，绿色交通初见成效

截至 2013 年底，深圳市已累计在公交行业示范推广新能源汽车 3900 辆，占公交、出租车辆总数的 12.6%。其中，新能源公交车 3050 辆（纯电动大巴 1200 多辆、混合动力公交大巴 1700 多辆），纯电动出租车 850 辆。已经开通新能源公交线路 143 条。包括公交车在内，深圳全市新能源汽车保有量已达到 6363 辆，居全球之首，成为全世界将新能源汽车最大规模应用于公共交通领域的城市。据测算，混合动力公交大巴相比传统燃油大巴，可节能20% ~30%；纯电动大巴及出租车不消耗燃油、零排放、无污染。目前推广使用的3900辆新能源汽车，每年可节约燃油约5万吨标油，减少二氧化碳排放约15万吨。此外，深圳市还完成了580辆LNG公交大巴、300辆LNG货运车辆（不含港区内拖车）、18辆LNG大巴的推广应用工作，每年可替代2万吨标准燃油，减少二氧化碳排放1万吨。

在绿色低碳港区建设方面，深圳市主要港区码头改造龙门起重机420台，改造后节约燃油成本80%，环境噪音从110分贝减少至60分贝，减少废气排放95%。累计推广使用LNG港区内拖车达404台，每年可替代7800吨标准燃油，同时可大幅减少氮氧化物等污染物的排放。蛇口集装箱码头（SCT）公司完成了2个泊位的岸电示范工程建设，在5号、6号泊位建成高压、低压岸电供电设施，可向靠港船舶提供高压（6600V）和低压（440V）的岸电供电服务。该公司还购置了10辆纯电动汽车作为码头作业巡逻车，成为全球率先推广使用纯电动汽车的港区。

3. 节能和绿色建筑推广取得较大成效

截至2013年底，全市新建节能建筑面积累计已达8420万平方米，已建和在建绿色建筑总面积超过1500万平方米。深圳已成为目前国内绿色建筑建设规模最大、建设密度最高和获绿色建筑评价标志项目最多的城市之一。已有114个项目获绿色建筑评价标志、总建筑面积超过1100万平方米。全市太阳能热水应用总集热面积53万平方米，建筑应用总面积1443万平方米，建成和在建的太阳能光电建筑应用系统装机容量约46兆瓦。同时，全市共收集公共建筑节能改造项目185个，涉及建筑总面积774.9万平方米，平均节能率约为14%，其中已完工64个项目，共计建筑面积245.7万平方米。

此外，深圳要求符合条件的公共机构在2014年底前全面完成合同能源管理节能改造工作，仅2013年即确认3批公共机构合同能源管理改造项目，改造建筑面积超过282万平方米。

4. 示范城区进展顺利，实现跨越式发展

国际低碳城通过产业转型升级和城市更新改造，以碳排放强度为约束手段，创造良好的生态环境，提升城市配套功能，吸引和聚集高端低碳型产业，正在逐步实现经济高速发展的同时能耗强度和碳排放强度不断降低的目标。

经济总量稳步增长，地区生产总值从2011年42.81亿元增加到2013年的69.72亿元，年均增长27.62%；工业总产值从2011年的115亿元增加到2013年的182亿元，年均增长25.8%；规模以上工业增加值从2011年的25亿元增加到2013年的40亿元，年均增长26.5%；社会固定资产投资总额从2011年的19.1亿元增加到2013年的37.2亿元，年均增长38.9%。

低碳绿色发展效应凸显，国际低碳城万元GDP能耗从2011年的2325.07千瓦时/万元下降到2013年的1805.40千瓦时/万元，万元GDP水耗从2011年的59.22吨/万元下降到2013年的31.06

吨/万元，万元 GDP 碳排放强度从 2011 年的 2.21 吨/万元下降到 2013 年的 1.71 吨/万元。

（三）深圳市推动绿色发展的主要措施和经验总结

1. 加强法律法规建设

围绕低碳生态示范市建设，深圳在发展循环经济、推进节能减排和资源综合利用等方面制定出台了一系列法规、规章和政策性文件。其中发展循环经济方面 5 项，节能减排方面 27 项，资源综合利用方面 2 项，占深圳颁布法律的 8.6%，远高于国家法规体系中低碳领域法规占比。

已经编制发布的文件包括：《深圳经济特区循环经济促进条例》《深圳经济特区建筑节能条例》《深圳市建筑废弃物减排与利用条例》《深圳经济特区碳排放管理若干规定》《深圳市人民政府关于加快环保产业创新发展的若干意见》《深圳市节能中长期规划》《深圳生态建设规划》《深圳市低碳发展中长期规划》等。这些法规、规章和规范性文件已初步形成了较为完善的绿色低碳法律法规和政策体系。

2. 以市场机制创新为动力，率先启动碳排放权交易

深圳是国家发展改革委 2011 年确定的全国 7 个碳交易试点省市之一，逐步探索出了一条配额分配与经济增长质量挂钩、配额总量与碳强度双重约束的碳交易制度。2013 年 6 月 18 日，深圳碳交易市场正式上线运行，截至 2014 年 10 月 17 日，市场累计成交量 171.32 万吨，累计成交金额 1.16 亿元。管控企业平均碳强度下降率超过 30%，减排幅度大幅超过了“十二五”期间全市碳强度 21% 的下降目标，为全市碳减排起到了明显的导向和推动作用。

主要做法包括三项。一是制定出台了《深圳经济特区碳排放管理若干规定》，基本制定完成碳交易办理办法，为碳交易试点工作提供了有力的法律依据和法制保障。二是按照“总体设计，分步实施”的原则，针对深圳大型直接碳排放源少而间接排放源多、制造业碳排放量增长趋缓、建筑及交通碳排放持续上升的特征，首先将 635 家重点工业企业和 197 栋大型公共建筑纳入碳排放管控范围，分别建立工业企业板块和建筑物板块，逐步建立完善多层次的碳交易市场。三是统一核查标准和技术规范，规范企业碳排放统计、报告与核查工作，率先制定了《深圳市组织温室气体排放量化和报告规范及指南》《深圳市组织温室气体排放的核查规范及指南》《深圳市建筑物温室气体排放量化和报告规范及指南》和《深圳市建筑物温室气体排放的核查规范及指南》，引入第三方机构对企业历史碳排放进行独立核查，初步建立了碳排放量化、报告和核查（MRV）机制。四是制定具有深圳特色的碳配额分配方案，鼓励企业直接参与竞争性博弈，通过电子化配额申报分配系统，实现分配全程可记录、可监督，在提升行政效率的前提下，最大程度减少了“一对一”谈判过程中存在的自由裁量权。

3. 严格执行节能标准，加强能耗监督和审计

深圳市已全面建立了涵盖立项、规划、设计、施工、验收等各个环节的建筑节能全过程、全方位监管闭合机制，确保了新建建筑严格执行建筑节能相关法律法规、技术标准规范。新建建筑设计阶段执行节能强制性标准的比例为100%，施工阶段执行节能强制性标准的比例为100%。

深圳还建立了大型公共建筑能耗监测平台，完成750栋政府办公建筑和大型公共建筑能源审计，实现500栋公共建筑能耗在线监测；完成197个能耗较高的既有建筑节能改造，涉及建筑面积达707万平方米，年减碳10万吨。

4. 提供专项资金补贴，助推绿色发展

深圳在节能减排上舍得投入，用“真金白银”促进节能减排。深圳整合了建筑节能专项资金、资源综合利用专项资金、合同能源管理专项资金等多项资金，形成了深圳市循环经济与节能减排专项资金，并于2012年出台《深圳市循环经济与节能减排专项资金管理暂行办法》。截至2013年底，共扶持循环经济与节能减排项目182个，累计扶持金额7.2亿元，带动社会投资约60亿元。

深圳还积极组织申报国家部委和广东省资金支持。例如，在交通领域，全市交通运输行业累计44个节能减排项目获得了交通运输部7591万节能减排专项资金支持，11个项目被评为广东省交通运输行业节能减排示范项目。

5. 加强组织保障

为了加强绿色发展工作推进力度，深圳市成立了应对气候变化及节能减排工作领导小组，由市长任组长，全面统筹协调低碳发展工作，领导小组办公室设在市发展改革委，负责领导小组日常工作，同时充分发挥各区各部门的积极性，加强协调配合，共同推进应对气候变化和低碳发展工作。

在领导小组推动下，深圳市《“十二五”规划纲要》中设置了“低碳绿色发展”专章，制定了《深圳市低碳发展中长期规划(2011－2020年)》《深圳市“十二五”控制温室气体排放工作方案》和《深圳市低碳城市试点工作实施方案》等专项规划，明确了应对气候变化和低碳发展的总体思路、主要目标和重点任务，并将相关任务细化分解到了各区各部门，有力保障了有关政策的实施和落实。

(四) 当前深圳市推动绿色发展面临的问题与建议

1. 主要问题与不足之处

总体而言，深圳市在绿色发展方面已经做得非常不错，超过了国内大部分城市。当然，从高标准、高要求的角度来看，也还存在一些问题和需要进一步改进之处。

(1) 自然资源产权不明晰，不利于解决污染产生的外部性问题

自然资源在开发过程中会产生污染或者破坏环境，有较大的外部性。从市场机制作用看，这类外部性问题可以通过污染方与被污染方的谈判来解决，但是前提是要确定自然资源资产的产权。

然而，深圳市自然资源资产产权登记仍不明确，规划国土委对不同性质的土地所有权进行登记，人居环境委、水务局等部门管理水流等自然资源的现有状况，但没有对这些自然资源进行权属登记。这就导致在自然资源资开发利用过程中，外部性问题很少能顺利内化为开发商成本①。

（2）生态补偿机制有待进一步优化

2005 年，深圳市颁布了《深圳市基本生态控制线管理规定》及《深圳市基本生态控制线范围图》，全市陆地总面积近 1/2 的土地被划入基本生态控制线，实施“铁线”保护，率先在全国建立基本生态控制线管理制度，也探索建立了一些生态补偿制度。但生态补偿主要是以政府转移支付为最主要方式，并且以上下级政府之间的纵向支付为主导，区域之间、不同社会主体之间的横向支付显得不足。这种主要由政府买单的方式与受益者付费的原则不协调，不仅影响补偿资金的合理配置，也会影响补偿机制的持续性、稳定性。

（3）节能减排专项资金的运行存在一些不足

深圳以节能减排专项资金鼓励企业降低排放，成效十分明显，但其做法也有三点不足：一是资金使用主要依靠行政审批，二是对所支持节能减排项目的评价机制不完善，三是缺乏与市场机制的有效衔接。深圳市发展研究中心通过对 2013 年 2 个合同

① 参见林雄、朱莉：《以发挥市场机制作用为取向，加快推进生态文明制度改革》，深圳市发展研究中心内部报告。

能源管理专项资金项目和5个循环经济与节能减排专项资金项目进行调研，发现了一些问题：在合同能源管理专项资金项目中，以实际节能量确定补贴标准，2个项目的节能减排效果比较明显；而在循环经济与节能减排专项资金项目中，根据项目投资规模给予财政补贴或贷款贴息，相同的资助金额产生的节能减排效果差别较大。

（4）对节能环保产业的重视程度有待进一步提高

深圳市的节能环保产业有一定的发展基础，在垃圾焚烧、合同能源管理等领域都有一些比较突出的龙头企业。这一产业的发展对深圳市实现绿色发展有着十分重要的意义。但是目前节能环保产业还未能列入深圳市战略性新兴产业的重点领域，未来对这一产业发展还应给予更大程度的重视和支持，在体制机制和政策上还需要创造更好的发展环境。

（5）绿色发展的政策工具还有待进一步丰富

应该说，深圳市在推动绿色发展方面付出了大量心血，先行先试了许多新兴的政策工具，政策效果也不错。不过，参照国外经验，尤其是欧洲、日本等国家的一些做法，政策组合上还应该有更多的选择和更加完备的体系。

2. 相关政策建议

（1）明确自然资源的权属

建议理顺相关主管部门的权力划分，根据自然资源资产的属性和特点，结合全市不动产登记制度改革，开展对水流、森林、山岭、草地、荒地、滩涂等自然生态空间的权属调查，并进行确权登记，制定自然资源资产管理和交易规则，明确管理和责任主体，逐步形成归属清晰、权责明确、监管有效的自然资源资产产权制度，促进自然资源资产的市场化配置，推动建立以产权为核心的自然资源资产市场化配置机制。

（2）积极探索与生态控制线相适应的市场化补偿机制

建议在完善生态控制线管理制度的过程中，一方面坚持谁受益谁补偿、谁损害谁付费的原则，在坚持政府主导、调整政府财政支出结构的同时，探索社会参与、市场运作的方式，科学确定生态环境资源的价格，把生态环境本身固有的价值计入生态环境的价格之中，合理补偿生态控制线区域内居民的保护成本。另一方面，以利益驱动鼓励社区居民增强保护意识，改善保护办法，对以植树造林、发展生态产业等方式增强保护效果的行为加大奖励力度。

（3）探索与碳市场相衔接的节能减排专项资金运作制度

建议在节能减排资金管理方面探索新的方式。可考虑建立如下机制：项目投资方实施节能减排及循环经济项目后，将节能量完成指标向主管部门申报。主管部门聘请第三方核查机构对项目完成的碳减排量进行审核，主管部门依据审核报告批准并签发项目碳减排量。项目投资方将签发的项目碳减排量在深圳排放权交易所挂牌出售，由政府主管部门指定机构按期收购，以购买碳减排量的方式对节能减排项目进行财政资助。主管部门购入的项目碳减排量纳入深圳碳排放权交易市场调节储备库，按照市场调节机制管理办法，在规定情况下进入碳交易市场，以稳定市场、增加流动性。在碳交易市场市场调节机制下，由指定机构出售项目碳减排量，取得收益后，资金返回至节能减排专项资金账户，形成以市场配置为机制的资金运作制度①。

（4）将节能环保产业列为战略性新兴产业的重点发展领域

制定专项发展规划及配套政策鼓励节能环保产业发展，并通过培育市场需求、增强核心能力、打造高新品牌等方式推动节能环保产业进一步发展。将环境保护作为政府公共财政支出的重点领域，并根据经济社会发展和财政收入增长的状况，由财政逐年加大环保投入力度。制定并逐步提高污染物排放标准，加强环评、工程验收、监督执法，扩大环保产业有效需求。建设环保国家重点实验室、国家工程研究中心、企业技术中心等各类研发机构，开展共性、关键、核心技术攻关。

（5）完善政府绿色采购制度

为了促进绿色低碳发展，应当把保护环境的绿色采购理念作为政府采购的基本原则加以明确，强化绿色采购意识，确定绿色产品服务的认定标准、认定机构、产品服务清单等。着力建立权威的资料信息系统，动态地调整绿色产品与服务的标准范围，满足企业对产品服务绿色化升级的市场需求，同时也帮助采购者及

① 参见林雄、朱莉：《以发挥市场机制作用为取向，加快推进生态文明制度改革》，深圳市发展研究中心内部报告。

时有效地进行选择，为经营者与政府采购部门提供便捷的交易平台。

（6）建立绿色税收制度

充分借鉴发达国家的成功经验，发挥税收在实现绿色低碳发展中的积极作用。一方面，加快企业所得税、资源税、城镇土地使用税等现有税制改革，调节现有税收结构，明确体现鼓励类、限制类、禁止类的政策导向作用；提高资源税、城镇土地使用税的税率，限制或禁止资源消耗大的产业发展；提高高能耗消费品的消费税率。另一方面，研究开征如环境保护税、燃油税、污染税等一些新的税种，对高耗能、高耗水、高污染和浪费资源的产业及项目的盲目发展和过度扩张发挥有效的约束作用，强化企业的节约意识。

二、典型案例研究——深圳市碳排放交易市场建设的做法、效果及建议

（一）深圳市碳排放交易市场的发展历程与会员简况

2010 年 9 月，以成为国家首批低碳试点城市为契机，深圳市政府批准设立深圳排放权交易所。9 月 30 日，交易所正式挂牌成立。2011 年 8 月，深圳制定了碳排放权交易试点实施方案，市政府成立了深圳市碳排放交易试点工作领导小组。

2012 年 4 月，深圳市启动了城市碳清单编制工作，9 月又启动

了企业碳核查工作，10月出台了《深圳经济特区碳排放管理若干规定》。12月，深圳市设立了深圳市碳排放权交易工作办公室。在此期间，交易所于2012年4月顺利完成增资扩股，注册资本金从1500万元增加至3亿元，成为国内注册资本金额最大的碳排放交易所。交易所股东分别为深圳市远致投资有限公司、中广核风电有限公司、大唐华银电力股份有限公司、普天新能源有限责任公司、深圳能源集团股份有限公司、深圳市盐田港集团有限公司、深圳市特区建设发展集团有限公司、深圳国家高技术产业创新中心和深圳联合产权交易所。在深圳市政府的大力支持下，交易所于2012年12月顺利落户前海深港现代服务业合作区，并顺利通过了“关于各类交易场所的检查验收”的清理整顿，取得交易场所合法运营资格。

2013年1月，交易所积极、认真地准备各项工作，在深圳市政府及主管部门的大力支持下，成功取得了国家发展改革委国内首批自愿减排交易机构备案资格。当年2~4月，深圳市先后完成了企业碳核查工作、碳排放权交易公共服务平台建设，以及工业企业碳配额分配工作。

2013年6月，国家发展改革委正式启动了深圳、上海、北京、广东、天津、湖北和重庆7省、市的碳排放权交易试点工作。6月18日，深圳碳交易市场正式启动。到2014年4月，深圳排放权交易所又成为世界银行国际金融公司（IFC）首个国内碳交易合作伙伴。

截至2014年10月31日，深圳排放权交易所已经拥有各类会员1627个。其中控排企业会员635家、控排建筑物业主会员197家、机构投资者6家、经纪会员5个、个人投资者会员767个、公益会员170个，初步形成了丰富、多层次的交易成员体系。

（二）深圳市碳排放交易市场的运行效果与特点

1. 碳排放交易成效明显

到2014年6月27日，深圳市碳排放交易市场成立一周年之际，碳市场累计成交额达10373万元，成为全国首个总成交额突破亿元大关的碳市场。截至2014年10月31日，共成交3893笔碳交易，成交量达1749508吨碳配额，成交额达1.17亿元。

加入碳交易市场的635家控排企业实现了99.7%的履约率，碳交易体系管控的工业企业温室气体排放量下降率为11%。在深圳市制造业工业增加值实现29%增长率的情况下，635家控排企业万元工业增加值碳强度下降33.5%，提前、超额完成了深圳市“‘十二五’期间碳强度下降21%”的要求。

2. 深圳市碳排放交易市场的主要特点

（1）碳市场活跃度高

2013年深圳碳市场配额总量为3094万吨，截至2014年6月30日共成交配额157.33万吨，占配额总量的比例为5.24%，为全国最高，是最低占比的50倍以上；碳市场平均价格为68.7元/吨，居全国最高，超过最低市场均价的两倍。

表 3.2　7 个试点省、市碳排放交易体系市场情况（截至 2014 年 7 月 3 日）

试点省、市	成交量（万吨）	成交额（万元）	市场均价（元/吨）	配额总量（万吨）	成交量占配额总量的比例（%）
深　圳	160	10995	68.7	3094	5.2
上　海	155	6091	39.3	16000	1.0
北　京	126	4047	56.9	5000	2.5
广　东	58	3511	60.5	38800	0.2
天　津	22	692	31.5	16000	0.1
湖　北	418	9997	23.9	32400	1.3
重　庆	14	445	31.8	12500	0.1

资料来源：深圳排放权交易所提供的数据。

（2）碳价格较为充分地反映了市场情况

深圳碳价格区间是 70～90 元，反映了工业企业平均边际减排成本的预期，形成了企业减排成本和市场交易之间的均衡价格，与其他试点城市的高拍卖底价和行政价格控制相比，深圳碳价格形成过程具有市场化和自发性特征，同时，与其他地区的巨额协议交易量相比，深圳的碳价格形成具有分散化和多元化特征。

（3）交易主体多元化

一些试点省、市的碳交易主体仅限于管控企业，深圳则将交易主体范围扩大到个人和投资机构。在第一个履约年度，个人投资者和机构投资者参与的碳交易超过 15 万吨，接近成交总量的 10%。2014 年 8 月，国家批准境外投资者参与深圳碳交易市场，使深圳成为全国首家向境外投资者开放的碳市场，主体范围的扩大有效提高了碳交易市场的流动性和市场的影响力。

（三）深圳市碳排放交易市场的典型做法与成功经验

深圳碳交易所之所以能够获得较好的成绩，与深圳对制度建设的重视和勇于探索是分不开的，有三个方面的经验值得国内其他城市学习。

1. 为碳交易提供法律法规保障

2012 年，深圳利用经济特区立法权，颁布实施了《碳排放管理若干规定》，这是我国首部规范碳排放权交易的法规，被全球立法者联盟评为全球应对气候变化立法九大亮点之一。该法规规定了碳排放管控制度、碳配额管理制度以及碳排放抵消制度，明确了碳交易制度建设的基本内容和主要方向，为碳交易作为市场机制降低温室气体排放的重要手段提供了法律保障。

2. 探索建立配额分配博弈机制，提高企业积极性

深圳的碳配额分配不是政府硬性分配，而是通过一系列的限制性条件，将博弈理念引入制造业碳配额分配过程，即依据工业增加值碳强度指标进行制造业企业的配额分配，建立电子化的企业配额申报与分配系统，鼓励、引导企业全程参与，通过自主选择获得碳配额。超过 600 家管控企业在一周内顺利完成了 3 年配额的预分配。

3. 严格执法，保障企业履约

深圳碳交易所对违约行为的处罚程度在全国 7 个试点地区中最高。2014 年出台的《碳排放权交易管理办法》规定，管控企业没有在规定时间内履约的，将被处以超额排放量乘以履约当月之前连续 6 个月市场配额均价 3 倍的罚款。由于深圳碳市场均价一直处于全国最高水平，因此这一处罚标准基本上在全国是最高的。同时，深圳还综合运用行政手段，确保企业按时履约，包括：将违约企业的违约信息提供给企业信用管理机构；通过新闻媒体和政府网站将违约企业的信息加以公布；取消违约企业正在享受的所有财政资助，并在5年内不批准违约企业取得任何财政资助。通过以上措施，635家企业第一个履约年度的履约率高达99.7%，成为仅有的两家按时履约的碳交易市场试点之一。

（四）问题与建议

1. 深圳市碳交易市场实践过程中存在的主要问题

从深圳市碳交易市场发展的实践来看，主要存在两个方面的问题。

（1）相关制度建设尚不完善

深圳市在碳交易制度的建设方面已经走在了全国前列，这值得充分肯定。但是，仍然还有一些制约碳交易的制度需要进一步探索。一是企业现行会计准则不适应碳资产的交易和处置。企业在会计核算、税务处理、内部控制等碳资产的具体操作上无据可依，会计准则还没有碳资产这一项目。二是碳交易市场的信息披露机制不完善。目前不同行业的企业碳排放数据、能源消耗情况、需求量等方面的信息都还靠企业自愿披露，没有相应的约束机制[①]。三是碳配额的分

① 参见谭德明、邹树梁：《碳信息披露国际发展现状及我国碳信息披露框架的构建》，载于《统计与决策》，2010年第11期。

配机制比较复杂，还需进一步简化和清晰化。四是对碳交易市场的监管制度还有待进一步建立和完善。

（2）市场交易功能受限制较多，难以充分发挥作用

首先，碳交易产品品种受限制较多。国外的碳交易市场主要交易碳期货，期货交易的特点决定了碳价格波动幅度较小，使碳价格变动与宏观经济和能源价格的变化体现出较强的相关性。国内碳市场则只能交易现货，因此价格波动比较大。

其次，交易方式受限制较多。证监会对国内碳市场交易有比较多的限制，要求碳交易市场只能采取挂单、点选的方式进行交易，而不能采取类似于股票市场的集合竞价方式。在这种交易方式下，可能几笔交易就会影响碳价格，增加了价格波动幅度，而且增加了交易所对异常交易的监管难度，影响投资者的正确判断。

再次，碳金融发展水平低。发达国家的交易主体既包括公共部门的参与者，如多边银行、政府和企业协会，也包括私营部门的参与者，如商业银行、投资银行、碳基金、私人企业、碳交易所和一些投机商。世界银行国际金融公司（IFC）、欧洲投资银行（EIB）等多边银行很早就致力于发展碳基金，提倡依靠碳减排促进低碳经济发展。相比之下，国内很多企业以及金融机构对碳金融的认识还不够深刻，对碳金融的操作模式、交易规则、风险管理以及碳金融产品的价值不够了解。除了少数商业银行简单地参与了附加值较低的碳交易环节外，其他金融机构很少涉及碳金融市场①。

① 参见骆华、费方域：《国际碳金融市场的发展特征及其对我国的启示》，载于《中国科技论坛》，2010年第12期。

2. 进一步推动碳交易市场发展的建议

（1）探索建立与碳资产和碳交易相关的会计准则

尽管目前欧盟也还没有一套处理碳资产的会计准则，但是已经进行了许多探索。国内关于碳资产的会计处理也有很多研究报告和论文。这都为探索建立碳资产的会计准则提供了一定的基础。建议首先在深圳开展试点，探索制定碳资产会计准则，并在碳交易市场企业会员中率先推行，根据实践的效果，不断进行完善。

（2）探索建立碳交易市场信息披露制度

我国碳交易企业对碳排放信息的披露尚处于起步阶段，相关规则大多以鼓励自愿性披露为主。建议监管机构尽快出台碳排放信息披露规则，从自愿性、鼓励性披露逐渐转为强制性披露。参照发达国家的“碳信息披露项目”（CDP）①，企业碳信息披露应包括以下内容：气候变化引致的风险，包括法规风险、自然风险、竞争风险和声誉风险；碳核算方法的选择、碳减排会计报告的编制、外部鉴证和审计、直接减排和间接减排的吨数、年度间碳排放差异的比较等；碳减排管理，包括减排项目、排放权交易、排放强度、能源成本、减排规划等方面的内容；气候变化治理，包括减排责任和贡献等。

（3）逐步丰富产品种类和交易方式

一是在碳交易试点的基础上，总结经验教训、充分评估风险，选择深圳作为试点探索碳期货交易。二是以深圳为试点，探索更

① 参见碳信息披露项目的有关介绍，www. cdproject. net。

高效的交易方式。逐步改变挂单、点选的落后交易方式，试行类似于股票市场的集合竞价方式。当然，探索这些制度的同时，应该研究制定相应的监管规则。如果在试点过程中发生了风险，就要及时叫停。

（4）利用现有金融市场的基础，发展碳金融市场

碳市场具有天然的金融属性，国际碳市场的实践历程和经验都充分证明了发展碳金融市场的必要性和有效性。我国碳市场的发展壮大同样离不开国内金融机构的深度参与和积极支持，应当利用现有的金融市场基础，加快碳市场的发展进程，增强碳市场金融化水平，为企业提供有效的减排投资和碳资产风险管理工具，降低碳市场风险，激励企业内生减排行为，更好地为我国节能减排和全球应对气候变化作出贡献。

执笔人：田杰棠

参考文献

[1] 骆华，费方域．国际碳金融市场的发展特征及其对我国的启示．中国科技论坛，2010（12）

[2] 谭德明，邹树梁．碳信息披露国际发展现状及我国碳信息披露框架的构建．统计与决策，2010（11）

[3] 林雄，朱莉．以发挥市场机制作用为取向，加快推进生态文明制度改革．深圳市发展研究中心内部报告

[4] 深圳市龙岗区委宣传部．打造深圳国际低碳城，探路新型城镇化——以深圳市龙岗区坪地街道为例．新经济，2014（28）

[5] 杨磊，曲广宁，戴晓晓．国内一流低碳城市与国际一流差距多大．南方日报，2014－06－16

第四章

上海市绿色发展的体制机制创新与实践

2009年8月18日，联合国环境规划署（UNEP）发布了其对上海为举办一届环境友好的2010年世博会所作努力的评估报告，报告肯定了上海在空气质量、交通、能源、固体废物、水、绿化和保护区、气候碳中和、世博园区概况和公众参与九大领域所作的努力。联合国副秘书长兼环境规划署执行主任阿希姆·施泰纳说，上海处理这些问题的经验对中国乃至世界上的其他城市具有非常有价值的借鉴意义，上海充分显示了成为未来城市绿色发展榜样的决心。

近年来，重视实效的上海，在自身环境约束增强的背景下，加大对环境保护、绿色发展的投入，主动探索绿色发展之路。倡导“Better City，Better Life”以及“绿色世博”的上海，隐含的是对城市可持续发展竞争力的追求。上海市政府在发挥指导和服务功能、促成绿色机制方面的做法和经验，值得研究。

本章将从城市绿色发展的总体安排、典型政策机制与重点实践领域三个方面出发，考察上海在城市规划、产业、能源、交通、市政服务、污染治理以及社区尺度的协同实践等方面的典型案例，分析其经验教训，为我国其他地区的绿色机制体制创新提供参考。

一、上海市绿色发展的总体安排

1. 强调资源“底线思维”

2009 年 4 月，“上海加快建设成为国际经济、金融、贸易、航运中心和社会主义现代化国际大都市”（简称“四个中心”）的战略定位正式出台。面对国际经济形势和国内发展要求，上海同时肩负着打造中国经济“升级版”和实现中华民族伟大复兴“中国梦”的双重历史责任。而城市人口和用地规模的继续不断增长给环境和资源承载能力带来巨大的挑战，也直接影响着城市的未来。

截至 2013 年底，上海全市常住人口为 2415.15 万，已经超过现行城市总体规划（《上海市城市总体规划（1999 – 2020 年）》，2001 年 5 月由国务院正式批复施行）所确定的 2020 年的人口规模；同期全市建设用地规模已经逼近规划确定的 2020 年末上海建设用地指标。

2014 年，上海开始制定 2040 年“城市总体规划”，坚持建设用地总量“零增长”的底线思维，提出在城市开发边界、生态保护红线、永久农田基本保护线三条红线的约束下，强化规划的空间资源统筹和覆盖。进一步强化“以人为本”的理念，体现“有弹性”的规划布局。同期启动的“十三五规划”和“上海未来30年发展战略研究”也充分体现了这一“底线思维”上的城市整体发展战略要求。

2. 创新机制推动城市转型发展

由于上海未来发展受到资源环境的约束不断增加，“四个中心”的建设迫切需要其加快转变经济发展模式，调整产业、需求、所有制及空间布局结构，将依赖资源的发展模式转变为服务经济和创新驱动，直到经济发展与排放（碳排放、污染排放等）实现脱钩。据统计，2008 年，上海五大高载能行业综合能源消费量3948.61 万吨标准煤，占全市工业能源消费总量的72.8%，但这五个行业工业产值占全市的比重仅有24.9%；作为城市转型的五大方略之一，重点推进从制造到智造的转型已成为共识，并通过制度来保障先行先试、创新驱动。

一是设立转型考核体制。2009 年起，上海取消对下辖区的GDP 排名考核。“十二五”时期新推出的统计指标体系改革方案，则确立了“创新驱动、转型发展”的考核指挥棒。方案中，包括“知识密集型服务业增加值占全市生产总值的比重”“社会安全指数和环境质量指数”等超过70%的指标均为首次设立。2011 年，上海 GDP 增速首次掉出全国前十，而税收收入却同比增长19.9%。

二是对高载能行业实行“负面清单”管理模式。2014 年，上海市发布《上海产业结构调整负面清单及能效指南（2014 版）》，这是国内推动产业结构调整领域第一本“负面清单”，对以往产业结构调整的难点问题进行了突破。由“限制发展”升级到“限制生存”，结合差别电价等措施，能推动能耗降低的同时为其他行业发展腾出空间。2014 年，上海全年规模以上工业单位增加值能耗下降 6.5% 以上，降幅比预定目标高出八成。

三是创新推动新的经济增长点，打造综合性绿色标杆。无论是自贸区建设还是张江自主创新示范区，上海都走在创新综合项目的前列。而“十二五”期间布局推出徐汇滨江、浦东前滩、世博园区、临港地区、虹桥商务区、迪斯尼园区六大重点开发区域，都由上海市政府牵头，推动低碳或生态规划，在控规中就植入绿色发展的元素，指导区域可持续开发。而持续进行的“低碳实践区”和“低碳社区”等市发展改革委主导的试点项目，则无一例外地下放职能，充分发挥区一级及以下机构的行动力。以上海市长宁区为例，2011 年 9 月，低碳项目管理办公室正式成立，在长宁区发展改革委的领导下开展区低碳实践区减碳节能项目的组织、推进和评估，并组建了新长宁低碳投资管理有限公司，协助推进项目实施。2011 年，长宁建立低碳发展专项资金，首期资金 4500 万元，用于低碳示范区的政府资金匹配与项目推进工作。为了探索特大城市老城区低碳化技术、政策和创新体制机制，长宁组织开展建筑改造基准线，“倒逼”政策改革、增量成本、低碳交通等多个软课题研究，为在全区规模化实施建筑节能改造、全面启动和推进长宁低碳示范区项目提供技术、资金支持和政策、标准以及体制机制保障。2012 年，项目获得 GEF（全球环境基金）500

万美元赠款；后以该项目为核心的“上海建筑节能和低碳城区建设示范项目”于2013年申报世界银行低碳实践示范项目成功，获取1亿美元世行贷款。

3. 统筹重大行动，联动保障实施

从实际操作的效果来看，政府主导、滚动实施的“环保三年行动计划”是上海最有力的制度安排之一。该行动始于2000年，从“四个有利于”（有利于城市布局的优化，有利于产业结构的调整，有利于城市管理水平的提高，有利于市民生活质量的改善）和“三重三评”（在全面推进中重治本、综合治理中重机制、资金投入上重实效；环境保护的成效让市民评判、社会评价、科学数据评定）原则出发，分阶段地解决快速工业化和城市化进程中的突出环境问题。

一是建立跨部门的协调推进机制。环保行动的一大难题在于协调难度大，作为协调机制，2003年，上海成立了全国第一个由市长挂帅的环境保护和环境建设协调推进委员会，成员单位包括20多个委办局、各区县政府、集团公司、大工业区等。委员会定期召开工作会议，突出重点、分阶段推进“环保三年行动计划”的实施。同时，针对工业区环境整治、水环境治理等重点、难点，开展专题调研，及时协调解决推进中的瓶颈问题。在当时已算是一种机制创新，既让各部门各司其职，有目标压力，又相互配合，形成合力。

二是保障资金投入。十几年来，上海环保投入占同年全市GDP的比例始终保持在3%左右。市政府牵头集中力量支持的一大批环境基础设施建设、生态建设和污染防治项目，为改善城市环境作出了重大贡献。如第六轮“环保三年行动计划”共设水、大气、土壤、固废、工业、农村农业、生态和循环经济8个专项领域和若干保障措施，安排220余个项目，预计总投入约1000亿元，比第五轮增加30%。

三是接纳市民声音，关注环境热点。市民的声音逐步得到回音，如2012～2014年的第五轮“环保三年行动计划”时市民关注的重点是PM2.5造成的灰霾天气，作为回应，计划在大气专项共设置五大类53个项目，联动各相关委办局，累计投资103亿元人民币，重点防治燃煤电厂、工业源、机动车等污染排放源；2015年开始的第六轮计划，又将市民关注的郊区河道、畜禽养殖场、分散小企业、餐饮油烟等污染问题整治都列入其中。第五轮计划结束之际，上海完成了燃煤消耗负增长，全市城镇污水处理率、全市森林覆盖率、生活垃圾无害化处理率以及重要水功能区达标率都超额完成任务，并提前一年完成国家“十二五”节能减排指标。同时，将市民关注的热点纳入重大项目，极大提高了全社会参与率，取得了良好的效果。

二、上海市绿色发展的政策机制

面对城市难题和新兴挑战，上海拥有一些比较独特的政策机制。如垃圾分类这个全国性难题，大部分城市都在羡慕台北全社会参与垃圾分类的成功却又难以复制，上海还是勇敢地尝试了全市范围的动员和投资；如低碳与金融的结合，上海有被称为中国第一家环境能源交易所，也是唯一敢说按期且100%履约的碳排放交易试点地区；如城市拥堵难题的解决，上海独有的“私车牌照拍卖制度”充满争议却无法忽视其对城市控制私车数量的作用。以下案例将从自上而下的政策角度分析上海的新一轮垃圾分类工作的经验教训，城市如何通过本地碳交易市场推动工业行业减排以及私车牌照拍卖制度的是与非。

1. 重视市场机制，引导交通需求管理

（1）利用牌照交易市场，配置道路通行权

由于快速城镇化和机动化，中国城市交通状况变得越来越拥挤。上海也面临着越来越严重的交通拥堵问题，不但直接影响城市交通整体运行效率，而且给城市交通能源消耗、环境污染等带来巨大压力。最新研究结果表明（根据2012～2013年数据解析），上海市PM2.5本地污染排放贡献占64%～84%，平均为74%左右；本地排放源中，流动源占29.2%，工业生产占28.9%[①]。1986年，上海在全国率先启动了非经营性客车牌照交易制度。1994年开始，对新增的客车额度实行拍卖制度（简称“私车牌照拍卖制度”）。交通管理部门以公开拍卖方式，利用牌照交易市场，配置

① 上海市环境保护局：《立足大气细颗粒物来源解析结果，进一步加强大气污染防治，不断改善环境空气质量》，载于上海环境网，2015－01－07，http：//www.sepb.gov.cn/fa/cms/shhj//shhj2272/shhj2159/2015/01/88463.htm。

道路通行权，从而控制私车总量的车辆配额。虽然实行拍卖制度的20多年来争议与赞誉齐飞，但作为特大型城市的上海，其私车总量还是得到了一定的控制。根据中国钜轩的调查报告，截止2013年末，上海私家汽车拥有量为141.32万辆[①]，为北京（407.5万辆）的34.7%。

（2）在执行中不断完善相关法律法规及操作细则

上海私车牌照拍卖的法律依据为1997年12月施行的《上海市道路交通管理条例》，其中规定："本市对车辆号牌的发放实行总量调控。机动车号牌额度年发放量和发放办法由市计划委员会会同市公安交通管理部门和其他部门提出，报市人民政府批准后实施。"上海市人大于2000年通过了《上海市机动车管理条例》。2003年3月，上海市又宣布将国产车和进口车上牌照额度合并拍卖，自此，私车牌照拍卖不分国产车、进口车。2008年1月新出台的拍卖规则增设了"投标过程信息公开"和"有限制价格修改"两项新规则，同时取消了现场拍卖而采用网络和电话的途径。而后，上海市政府出台了实名制拍卖、车牌在该车辆行驶3年后才能享有"终身制"等措施，以稳定牌照价格。

2012年7月为抑制上海车牌价格的高涨，上海市政府出台了"沪牌四条"，却并没有抑制住上涨趋势。2013年月度平均成交价甚至一度飙升至9万多元。而后上海多次出台"警示价"（竞买人

① 中国钜轩：《2014中国主要城市汽车保有量排名》，载于盖世汽车网，2014－05－04，http：//auto.gasgoo.com/News/2014/05/04010128128176ALL.shtml。

首次出价阶段出价不得高于“警示价”）等举措，打击上海车牌投机炒作。2015 年上海的本年度首次车牌拍卖于 1 月 17 日结束，共计 98203 人参与竞拍，平均成交价为 74216 元人民币，均较上月仍有小幅上涨。

近年来，上海私车牌照拍卖政策每年因牌照拍卖产生的金额达到数 10 亿元，巨大的经济利益产生极大的驱动力。但近年来，随着拍卖价格的走高，越来越多的车主选择了外地牌照，造成牌照拍卖的政策绩效流失。每年上海都有上万辆车通过各种渠道上了外地牌照，形成一个超过亿元的灰色产业链。黄牛们能代办各地牌照，虽然手续合法，但是由于这些车主大多是通过“关系”，在异地暂住证上填写虚假的地址，在超速违章等行为发生后，上海警方按照电子监控进行处罚，处罚通知单无法正确投寄，交通事故逃逸数量也因此增加；由此引发的道路效率低下，使得上海有关部门想要通过竞拍车牌来限制车辆数量递增缓解交通堵塞问题的效果，也大打折扣。同时，牌照拍卖也催生了一些新行当，如代客拍牌的中介机构、经纪公司，甚至出现了专门做车牌生意的“黄牛”。他们一般采用代客拍牌、竞拍转让两种方法，帮助驾驶人尽快拿到车牌。由于种种原因，中介机构、经纪公司参与牌照拍卖的中标率在 95% 以上，且不断推高了小汽车牌照拍卖的价格。

（3）对牌照拍卖费进行再分配，支持城市交通战略

据有关部门统计，1994 年到 2006 年底，上海市新增机动车额度拍卖资金累计划入市财政专户 94.2 亿元，其中 2.3 亿元用于公

安交通装备等设施建设，39 亿元用于中环线工程建设，36 亿元用于轨道交通建设，余额为 16.9 亿元[①]。新增机动车额度拍卖收入自 2008 年起进入市财政专户存储并按程序批准使用，并加大了对公交运营的补贴力度。2013 年新增机动车额度拍卖收入 87.9 亿元，使用 74 亿元，包括：轨交更新改造等补贴 30 亿元、公交购车补贴 19.6 亿元、公交优惠换乘补贴 9.2 亿元、老年人免费乘车补贴 5.9 亿元、公交基础设施建设和维护 5.8 亿元以及其他政府购买服务 3.5 亿元[②]。目前上海公共交通的分担力为 43%，到 2015 年计划在市中心达到 50%。上海计划构建以轨道交通为骨干、公共汽电车为基础、水上轮渡为补充、慢行交通为延伸，通过综合交通枢纽紧密衔接的，安全可靠、经济适用、便捷高效、低碳智能的城乡一体化公共交通综合体系。

（4）直面挑战，完善经济调控手段

牌照拍卖的财政收入，若切实用于改善道路状况和提高公共交通运营能力，有助于全社会总福利的提高。然而，上海的牌照拍卖制度中一度完全由市场调控的情况，加剧了路权上的纵向不平等。而拍卖程序存在漏洞，容易滋生腐败、贿赂、暗箱操作等问题，又对政府公信力产生了负面影响。一度传出上海将废除私车

① 上海市政协：《有关部门汇报本市新增机动车额度拍卖资金使用情况》，载于中国上海网，2007－08－07，http：//www.shanghai.gov.cn/shanghai/node2314/node2315/node4411/userobject21ai226701.html。

② 上海市财政局：《上海车牌拍卖账本公布　去年收入 87.9 亿》，中国上海网，2014－08－27，http：//www.shanghai.gov.cn/shanghai/node2314/n32419/n32422/n32426/n32487/u21ai920330.html。

牌照拍卖制度的声音。

同时，虽然增长速度得到控制，但保有总量还是持续增加，更多难题显现。如市民关注的停车难题，尤其是在上海这样土地资源稀缺的地方更是凸显。上海中心城区的停车费居高不下，居民区车位吃紧。根据2012年《解放日报》社会调查中心的“停车难”民意调查报告，上海中心城停车位满足率仅为68%[①]。

针对这些实际挑战，上海的交通管理部门也在不断调整并综合运用经济行政等手段。一方面，针对拍卖制度本身的缺点进行改善，根据2013年版《上海市交通发展白皮书》，对于拍卖制度的态度是继续完善，包括优化竞拍系统，简化拍卖流程，科学设置竞买人申请条件等。加快建设机动车额度管理信息平台，将在用车的额度交易纳入统一管理，抑制额度拍卖中的投机行为。研究并适时出台小客车额度有期限使用、限制转让等政策措施。

另一方面，上海还提出通过其他经济调控手段的配合改善私车问题，应对交通挑战。如加大对非牌照体系私车的使用管理，出台对长期在沪使用的外省市号牌机动车的管理政策措施；根据新城新市镇道路交通运行状态，完善郊区小客车使用管理政策；根据快速路运行状况，适时调整限行的车辆类型、时段和范围；根据道路拥堵和大气环境状况，研究并适时出台基于一定范围或通道的拥挤收费、车辆限行等交通需求管理政策措施；针对停车

① 《您的车停在哪里？寻求上海中心城区停车难的缓解之道》，载于《解放日报》，2012－07－25，http：//sh. eastday. com/m/20120725/u1a6730283. html。

难题，强化“区域、时段、路内外、室内外、功能、车型”差别化停车费率，引导交通需求。

未来上海交通机动化和小客车进入家庭的趋势仍将持续。出行距离的延长，将使得越来越多的出行需求依赖机动化交通方式。随着居民生活水平的提高，未来私车增长的潜力依然较大。这要求上海进一步提升公共交通服务水平，引导其有序增长与合理使用。同时，对小客车需求进行调控。在道路和停车设施供给有限的条件下，综合运用法律、经济、行政等手段，进一步加强小客车保有量控制，引导合理使用，降低使用强度，保持道路交通服务水平总体受控。

2. 政府合理引导，建立区域碳交易市场

中国继欧盟之后建设的碳排放交易体系，现已成为世界上最大的碳交易市场，这是中国为控制温室气体排放而作出的重要努力，预示着中国将制定更严格的气候政策甚至可能实行碳排放总量控制制度。碳排放交易不仅蕴含着巨大的市场潜力，而且能够在全社会范围内形成促进节能减排的倒逼机制。

上海不仅是首批建成碳交易所的城市，也是第一批开展碳市场试点的城市。截至2014年底，上海碳交易市场总成交量199.7万吨，总成交金额达7614万元[①]。统计显示，2013年上海市工业行业试点

① 上海市发展改革委：《上海碳交易市场运行平稳，交易量近200万吨》，上海市发展改革委门户网站，2015-01-05，http://www.shdrc.gov.cn/second.jsp?colid=551&top_id=316&artid=25485。

企业碳排放较2011年减少了531.7万吨，降幅为3.5%[①]。

在这一进程中，行政引导发挥了重要作用。以上海发展改革委为主，政府全面介入项目机制设计、实施与监督。

（1）积极利用中央政策先行先试

2011年10月底，国家发展改革委办公厅下发了《关于开展碳排放权交易试点工作的通知》，批准北京、天津、上海、重庆4直辖市，外加湖北、广东、深圳3省、市，开展碳排放权交易。尽管试点省、市的经济都相对发达，但经济类型还是各有特点。中央政府只为地方提供了普遍性的指导原则，地方政府可以根据具体情况灵活制定相关政策。2013年11月，于广东之后，上海碳排放交易市场正式启动。

（2）构建法律法规保障体系

为了积极稳妥地发展上海碳排放交易市场，规范碳排放交易和相关管理活动，上海市政府坚持法律法规先行。有关方面首先起草制定了《上海市碳排放交易管理方法（草案）》，广泛征求意见后形成《上海市碳排放管理试行办法》，于2013年11月6日市政府第29次常务会议通过并自2013年11月20日起施行。《办法》通过之后的11月26日，上海碳市场才正式开锣。

（3）发掘数据价值，合理测算配额

碳市场试点的基本动作是"将碳排放达到一定规模的企业纳

---

① 李曙东，蔡新华：《上海市政府常务会议就碳排放交易试点工作指出效果初步显现推进仍须加力》，载于《中国环境报》，2014-07-31，www.envir.gov.cn/info/2014/7/731835.htm。

入碳排放配额管理”，都需要根据控排企业历史排放水平与行业生产基准水平来确定各个企业的年度碳配额。而依据地方政府可以根据具体情况灵活制定相关政策的原则，上海选择的要点是出台碳排放核算指南，采用历史排放法和基准线法测算配额。这也意味着，大量的数据准备工作需要完成。

2012 年末，根据《关于本市开展碳排放交易试点工作的实施意见》（沪府发〔2012〕64 号）的有关要求，各试点企业已按规定基本完成了 2009 ~ 2011 年度的碳排放状况初始报告的编制和提交工作。而后通过招投标，上海市发展改革委通过政府采购公开招标方式确定了相关机构赴各试点企业开展碳排放状况初始报告的盘查工作，以便科学核定各试点企业初始碳排放量，合理开展配额分配。

上海碳市场开市时一次性发放了三年配额，纳入配额管理范围的工业行业试点企业为 191 家，其碳排放量占到全市排放总量的 57% 左右[①]。企业在拿到配额之后就可以交易，前提是在履约期考核达标。交易价格由交易主体自行确定，上海市场的履约价格也是低开高走[②]。第一个履约期结束之际，试点企业 100% 在法定时限内完成配额清缴。上海成为按期且 100% 履约的碳排放交易试点地区。而这样的成绩，与前期数据准备工作的扎实不无关系。

---

① 冯苏苇，马祖琦，余凯：《上海私车牌照拍卖政策效果分析》，载于《综合运输》，2011 年第 1 期。

② 潘高峰：《逐步推行车主购车自备车位》，载于《新民晚报》，2012 - 05 - 04。

（4）适时鼓励扩大市场规模

上海碳交易市场的交易平台依托上海环境能源交易所，一家将自己定位与专注于服务政府的减排目标和企业的减排成本工作的咨询服务机构和平台，简称“上海环交所”。2008 年以来，上海环交所的主要盈利来源为技术交易、技术服务、技术融资以及投资等。2011 年，上海环交所改制为股份制有限公司并增资扩股，成为全国首家股份制环境交易所，瞄准区域碳市场的布局，吸引更多投资人。

而事实上，上海碳交易一开始是唯一的闭门市场。在经过了第一履约期的模拟与实际操作过程之后，市场需求和活跃度才真正有所提升。2014 年 9 月，上海碳市场开始引入机构投资者。2015 年 1 月 18 日，亿元级的海通宝碳 1 号集合资产管理计划已在上海环交所交易平台上正式启动。海通宝碳基金拟定总体规模达 2 亿元，体量居国内碳基金前茅，也是首个大型券商参与的针对中国核证自愿减排量（CCER）的专项投资基金。业内人士认为，海通证券参与基金的设立，不仅标志着碳市场与资本市场的联通，也标志着碳排放权交易和碳金融体系的建设实现新的跨越[①]。

根据国家发展改革委的全国性碳交易市场计划，位于试点省、市之外碳排放量较大的企业已接到报告碳排放情况的要求。上海市也正积极通过依托长三角区域协作及大气污染联防联控等机制，

① 李荣：《亿元级碳基金在沪成立 上海碳市场发展迅速》，载于《经济参考报》，2015 - 01 - 20，http：//luxury. ce. cn/cs/tscs/201501/20/t20150120_ 2266307. shtml。

将上海市场的功能扩散到服务长三角区域。

3. 优化社会政策，提升环境设施服务

尽管1992年我国就出现了历史上第一部由国务院颁发的市容环卫法规《城市市容和环境卫生管理条例》，明确对城市生活垃圾分类收集的管理活动加以规范，各城市也前赴后继地开展了一轮又一轮的生活垃圾分类工作，但没有一个敢说自己解决了问题。2010年世博会后，上海将生活垃圾分类减量工作目标列入了市“十二五”发展规划纲要，提出了末端处置量减少20%的减量目标。上海因此加速了垃圾分类工作，虽然还在艰难探索，但过程中通过“2+X”等政策吸引社会资源参与垃圾分类的努力，结合相应末端治理的升级，还是在某种程度上减轻了城市的“垃圾围城”问题。

4. 根据末端处置方式确定分类方式

2001~2010年的10年间，上海生活垃圾年均增长率达3.4%以上，2012年全市生活垃圾处置量达到716.4万吨①，已经不堪重负。面对日益增长的垃圾产生量，如何最大限度地实现垃圾资源化利用、减少垃圾处置量、改善生存质量，是作为国际化大都市的上海目前面临的一个重大课题。

20世纪90年代末，上海生活垃圾的末端处置方式以填埋为主，所以上海最初尝试单独收集电池等有害垃圾。随着末端处置

① 上海市统计局：《2012年上海市国民经济和社会发展统计公报》，2013年2月发布。

方式逐步向填埋、焚烧、综合处理等多样化发展，垃圾分类的方式也发生了变化：生活垃圾焚烧前需对废玻璃单独分类，因为玻璃进入焚烧炉容易粘结炉排，引发机械故障，影响焚烧效果；而综合处理方式主要以堆肥技术处理垃圾中的有机成分如餐厨垃圾或生活垃圾。因此，2000 年以后，上海采取了“一市两制”的分类法，即在焚烧厂服务地区实行“废玻璃、有害垃圾、可燃垃圾”的分类方式；在其他区域实行“可堆肥垃圾、有害垃圾和其他垃圾”的分类方式。2014 年 5 月 1 日，上海正式实施《上海市促进生活垃圾分类减量办法》，在全市范围内将垃圾分类成“有害垃圾、可回收物、湿垃圾和干垃圾”，就是俗称的“干湿两分法”。有害垃圾一直是单独一类特殊处置；“湿垃圾”以厨余为主支持综合处理；“干垃圾”则指的是除了可回收垃圾之外的其他干垃圾，用于垃圾焚烧；可回收物又有细类专项，通过专业企业或机构进行正规回收。

5. “2 + X”，引导市场力量参与

2011 年，上海开始在居住区推进以“干湿分类”为基础的“2 + X”试点模式，“2”是大分流，即主管部门负责的干湿垃圾（厨余垃圾和其他垃圾）两分类的分类、收集、转运以及处理等；“X”是小分类，即由主管部门授权的第三方公司就专项垃圾进行收运。对于“X”，政府以政策扶持为主，鼓励社会企业自主投入，参与分类运输与处置。目前进入“X”专项分流目录的有玻璃、厨余果皮、集贸市场垃圾、机扫垃圾、电子垃圾、建筑装潢垃圾、废旧衣物等。

2011 年，上海市绿化市容局携手社会企业缘源在全市 500 个社区设置 512 个“废旧衣物回收箱”，2014 年在全市的社区学校等地设置共计 1500 个。作为上海循环经济和清洁生产专项项目，回收箱的废旧衣物经分类整理后，还有着不同的去向，包括：八成新以上的棉袄、羽绒服、大衣等御寒秋冬衣裤无偿返给市慈善基金会慈善物资管理中心，捐献给贵州、广西、安徽、西藏等地的希望小学等。迄今已累计捐赠衣物超过 35000 件[①]。对于没有穿用价值的旧衣物，回收之后会进行二次分类为毛、棉、混纺、化纤以及皮革 5 类，其中棉、混纺和化纤面料送往江苏、浙江等地再生利用为纺织原料，鞋包提供给浙江的橡胶塑料回收企业加工成再生材料，而含毛的衣物则是利用价值最高的一部分，目前的做法是提供给山东淄博地区的毛纺织厂再制造成纺织原料。通过“旧衣回收箱”，每年回收旧衣约 2000 吨。但据统计，上海每年旧衣的产量大约为 10 万吨。即使加上其他旧衣回收企业的处理量，缺口仍然很大。大量衣服流入政府不允许的地摊市场，因为走街串巷的小贩或没有资质的废品回收站收来的衣服没法从正规渠道进入纺织厂纤维化处理，只能当作二手衣服销售。“X”明确需要更多企业包括纺织企业的参与，完善回收体系建设。也需要建立有监督管控的二手交易市场。同时，完善分拣，加强科技开发，增加回收利

① 上海缘源实业有限公司（www. shyysy. org）是负责专项收集废旧衣物的社会企业。

用的附加值。2013 年，“H&M 旧衣回收计划”率先在上海的两家 H&M 门店启动，8 月扩散至全国 45 个城市近 140 家 H&M 门店。H&M 接受任何类型、任何品牌和任何成色的衣物。顾客每提交一袋衣物便可以获得一张 85 折的优惠券。回收的衣物将由其合作伙伴I: Collect公司进行处理并报告。这一行动是基于“几乎所有面料都可以被再次利用”的前提下提出的。

上海的一些民间组织包括福田环保回收巴士、环保先锋服务中心等也在积极从事小规模的垃圾回收项目。如福田环保教育站在上海回收九大类资源，包括塑料类、纸类、金属类、玻璃类、家具类、家电类、电子类、纺织类及其他。福田向客户明确回收物资的流向，一部分直接用于捐赠，一部分销售变现用于社团运营等，一部分做物物交换，号召将让简单的“丢弃”变善举。

6. “绿色账户”激励社区参与

2011 年开始，上海市实施了“百万家庭低碳行，垃圾分类我先行”的政府实事工程，意在建立激励与约束相结合的垃圾分类推进模式和引导市民、单位改变传统的垃圾投放习惯等。上海的生活垃圾分类推进机制被形容成为“激励与约束并重”而目前阶段还是以激励为主，包括在试点项目上给居民发放分类垃圾桶/袋提升居民的参与程度，在全市层面推广“绿色账户”提高居民的分类参与水平等。

“绿色账户”计划被上海市看作是否有可能形成“垃圾分类减量上海模式”的重要内容。“绿色账户”通过“分类可积分，积分可兑换，兑换可获益”的基本路径建立有效的激励机制，鼓励和吸引市民群众主动参与到生活垃圾分类中来。2014 年 9 月启动的上海绿色账户积分管理信息平台，是其“政府引导、社会参与、科技支撑、市场运作”绿色账户激励机制的坚实基础。该平台（网站及手机 APP）由上海市绿化市容局和上海城投集团联合商业机构打造，绑定了中国银行的“绿色账户套卡”（借记卡），并引入了多家积分商户为居民扩大积分收益。截至 2015 年 5 月，已累计为 44.9 万户居民发卡超过 13 万张，统计积分约 3229 万[①]。

7. 成绩和挑战并存，垃圾分类任重道远

通过连续 4 年将垃圾分类列为市政府年度实事项目，上海的垃圾分类工作取得了一定成效。截至 2014 年 9 月，上海市垃圾分类已覆盖居民超过 260 万户[②]。2013 年上海市日均生活垃圾末端（填埋场、焚烧厂等）处置设施处理量比 2010 年减少了 1600 余吨，人均生活垃圾日处理量从 0.82 公斤下降到约 0.7 公斤[③]，其减量相当于少建设了一座大型生活垃圾焚烧厂。然而，从全市层面看，垃圾分类与回收仍存在着巨大问题，体现在：市民垃圾分类意识差，知晓率高但实际参与率和正确投放率都不尽如人意，大多数小区的正确投放率仅有 10% ~20%，剩余的指标完成都依靠保洁员二

① 数据源自：上海绿色账户门户网站 http：//www. lajifenlei. sh. cn/，2015 -04 -30。

② 郭剑烽：《沪生活垃圾分类激励机制运行年底覆盖 40 万户居民》，载于《新民晚报》数字报，2014 -09 -16，http：//xmwb. xinmin. cn/html/2014 -09/16/content_ 10_ 1. htm。

③ 《上海市生活垃圾分类减量推进工作联席会议 2014 第一次全体会议召开》，载于中国上海网，2014 - 04 - 17，http：//www. shanghai. gov. cn/shanghai/node2314/node2315/node18454/u21ai866622. html。

次分拣；对违规者缺乏劝教和处罚制度。

作为城市垃圾分类的最佳案例，台北是中国各大城市可望不可及的榜样。但台北整个机制的良性循环，也是和当地条件有直接关系的。生产者付费、稳定的人口结构、成熟的社会化参与机制等都是不可或缺的条件。如垃圾收费制度，台北能对分出的玻璃、有害垃圾、报纸等不收费，分不出的则需收费，最终市民越分越细；而上海市短期内征收居民生活垃圾处置费的条件却并不成熟，也需要更好的机制设计。

垃圾分类事业是一项长期的攻坚战，一直靠政府补贴不可持续。而政府在引入市场企业和社会力量参与时，如何帮助机构将政策信号落实成为市场利润和社会效益，是长期的重要议题。同时，如何通过机制设计引导市民从“你要我分类”变成“我想要分类”，需要“激励与约束”并行，利用经济杠杆达成效果。

三、上海市绿色发展的典型实践

一些外部性较强、需要政府采取强有力措施的领域，如排污治理与环境保护，经常存在体制机制和政策障碍，监管不到位，政策不落实。对于企业来说投入环保项目通常意味着增加成本，企业缺乏内在动力。经济社会对保护环境的正向经济激励不足，无法有效调动全社会保护环境的积极性；另一方面，我国环境治理以行政管制为主，集中在前置审批，事中事后监管薄弱，对企业日常排污监管不严。而上海市在一些具体议题上的事后监管与服务包括事前策划方面以及调动市场积极性方面取得了较好经验与效果。

以下案例将分别从产业升级、工业节水、新能源车推广、个人分布式光伏发电及区域联动等方面，剖析上海市政府如何通过策划引导、监管与服务角度推动企业参与绿色发展的实践。

1. 高耗能产业转移与升级之路

（1）背景：产业结构升级优化和可持续发展是大势所趋

20 世纪 80 年代开始，工业化所引发的生态环境问题日益受到国际社会的高度重视，同时发达国家利用其先发优势，通过产业梯度转移等方式逐渐将高耗能、高污染产业转移到许多后发国家和地区。高耗能产业发展过快，造成能源短缺、原材料供应紧张，给经济的持续发展和人民群众的生活带来了不利影响；某些地区以牺牲环境为代价来发展高耗能产业，给脆弱的生态环境造成了较为严重的污染；高耗能产业"低水平""高消耗"的扩张式发展，致使我国的资源浪费严重。

2002 年 11 月，十六大提出推进产业结构优化升级的思路，即要通过产业政策，形成以高新技术产业为先导、基础产业和制造业为支撑、服务业全面发展的产业格局。随后根据这一精神，国务院陆续制定了《促进产业结构调整暂行规定》《国务院关于加快培育和发展战略性新兴产业的决定》等行政性的制度文件，目的就是要转变我国经济增长方式，推进我国产业结构优化升级。

2004 年，我国正式将“建设节约型社会”的发展思路提上议程，随后的“十一五”规划纲要中又明确提出了节能降耗的具体约束性指标。同年，国务院指令全面清理并取消电石、铁合金、电解铝、钢铁、有色金属、建材、石化等高耗能企业享受的优惠电价、优惠税收、优惠供地等政策；各级环境保护部门加大环境监督和执法力度，对高耗能、高排放生产企业进行重点监控；电力监管部门加强对供电企业的监管，对必须依法关闭的生产企业、淘汰及限期整改的生产装置停止供电；国家发展改革委限定高能耗企业的投资和生产。这些宏观调控的政策与举措，已经取得了积极的成果。

目前我国高耗能产业面临的问题主要是其粗放的增长方式造成的。从发达国家仍然保留的高耗能产业来看，随着现代工业条件下新的环保技术、节能技术、清洁能源技术的产生和应用，高耗能产业能源利用效率不断提高，污染不断得到控制，环境保护越来越符合现代社会发展的要求。因此，在满足社会对高耗能产业需求的基础上，政府如何引导高耗能产业实现健康、合理、可持续发展应是我们着力研究的重要问题。

20 世纪 90 年代，发达国家和新型工业国家将重化工、交通运输设施等产业向中国、东盟、东南亚等国转移。2006 年 9 月，中国商务部启动了“万商西进”工程，标志着东部地区向中、西部地区的产业转移随即拉开序幕。东部地区“腾笼换鸟”、中西部地区“筑巢引凤”。但在这一进程中若不能平衡好“Remove”和

“Reduce”的关系，对本身生态承载力脆弱的地区来说，将是一场环境噩梦。

（2）行动：转出一个“绿色宝钢”

上海产业发展思路，尤其是有关产业结构的安排应当是上海依据自身优势与发展目标，落实可持续发展策略的具体表现。当前，结合上海所确定的“四个中心”发展目标和所肩负的“四个率先”的发展职责，产业转型成为必然。就发达国家的经验而言，没有哪个国际性大都市是以工业，尤其是以重化工业作为立市之本的。因此，上海应确立逐步去除重工业化的产业发展思路。这不仅是上海未来发展所必须，也是上海未来发展所必然。在这个过程中，上海可实施的方案分为两类：一类是逐步淘汰重工业，另一类是逐步降低重工业在经济构成中的比重。

经过30多年的发展，上海宝钢是中国现代化程度最高、最具竞争力的钢铁联合企业。然而，产能过剩、供大于求、成本上升、主导产品需求减缓、同质化竞争激烈、节能减排压力加大，又是宝钢面临的迫切需要解决的问题。2011年，时任宝钢集团董事长徐乐江在公开场合表示，“宝钢年能耗约为上海总能耗的18%”，“如果不能解决环保和能耗问题，宝钢就无法继续在上海立足”。同时，以“世界城市”为发展目标的上海，对这一巨无霸，有着自己的计划。

2012年7月4日，上海市政府与宝钢集团有限公司就推进上海宝山地区钢铁产业结构调整签署合作协议，标志着上海宝山地区钢铁产业结构调整工作正式启动。根据协议，在2012～2017年实施上海宝山地区的钢铁产业结构调整，以推进节能减排、促进产业与城市融合。此轮调整计划将对上海宝山吴淞工业区的企业以及罗泾生产基地进行调整。调整后逐步转型，重点作为战略性新兴产业－新材料、节能环保等产业的发展基地。预计调整任务完成后，上海地区将总量减少铁产能约580万吨、钢产能约660万吨，相应减少300万吨标煤能耗。

上海与宝钢都表示，通过上海的减量调整，实现宝钢在全国的战略布局。同时在上海延伸产业链，提高宝钢汽车、家电、船舶用钢及电工钢等高端产品的比重和制造能力，把宝钢的上海钢铁产业打造成世界一流碳钢扁平材精品基地。

通过不锈钢和特钢业务搬迁在上海削减产能的同时，宝钢也在湛江新建产能。搬迁不仅仅是基地的转移，更重要的是企业水平的提高，包括制造水平以及经营水平，都会再上一个台阶。从钢铁本业的角度来说，宝钢部分产能的迁出，一个好处就是能够降低成本，其中包括人力成本、用地成本；另一方面，由于上海接下来的发展重心将侧重于服务业，钢铁在需求方面势必有所下降，竞争也相对激烈，因此把产能迁出上海可以有效地提高宝钢的效益。

宝钢外迁产能受到了多家地方政府的欢迎。其中，佛山、苏州、青岛、沈阳等地都已有宝钢的项目落地，而山东、河南、广东等地亦有招商队伍先后与宝钢接洽，因为他们认为钢铁项目能给当地政府带来相当多的收益，因此即使在目前产能阶段性过剩全面进入“微利时代”的环境下，地方政府依然愿意接洽这些项目。

不过，根据宝钢的“环境经营”战略，转出一个“绿色宝钢”是非常可能的。宝钢的环境经营包括绿色制造、绿色产品和绿色产业三部分。到2013年底，除2011年进入宝钢集团的宝钢不锈下属的宝钢德盛外，宝钢集团所属其余钢铁生产企业全部通过了ISO14001环境管理体系认证。2013年12月宝钢制订了第一个与钢铁产品环境特性相关的国家标准《钢铁产品制造生命周期评价技术规范（产品种类规则）》，并于2013年12月由国家标准化管理委员会正式公告发布（标准号：GB/T 30052－2013）。该标准对钢铁产品生命周期评价技术进行了规范，充分体现了钢铁行业特点，对钢铁产品生命周期评价中范围定义、计算逻辑与方法、分配方法等重点内容，进行了可操作性的描述，具有先进性和适用性。由此，宝钢在其全体系中会贯穿绿色经营理念与标准，以行业高标准减少转出部分对当地环境的负面影响。

值得一提的是宝钢还积极通过各子公司推动环境经营。宝钢发展有限公司是宝钢集团旗下专门以再生资源综合利用、环保服务为主的产业单位。宝钢工程技术集团旗下两大新兴业务板块分由上海宝钢节能环保技术有限公司和宝钢建筑系统集成有限公司负责，都将合同能源管理等创新业务模式作为其领域延伸业务的战略。宝钢节能环保技术公司是宝钢于2010年新组建的、主营节能环保解决方案的全资子公司，是宝钢集团节能环保和合同能源管理的产业化平台。

2. 利用公私合作机制（PPP）推动金桥开发区企业间水资源梯级利用

（1）背景：实施最严格水资源管理制度，推动水资源梯级利用

2011 年《国务院关于实行最严格水资源管理制度的意见》出台，将把严格水资源管理作为加快转变经济发展方式的战略举措，把建设节水型社会作为建设资源节约型、环境友好型社会的重要内容。为将相关工作落到实处，水利部等 10 部门联合印发了《实行最严格水资源管理制度考核工作实施方案》，其中目标完成情况主要考核用水总量、万元工业增加值用水量、农田灌溉水有效利用系数和重要江河湖泊水功能区水质达标率 4 项指标；制度建设和措施落实情况包括用水总量控制、用水效率控制、水功能区限制纳污、水资源管理责任和考核等制度建设及相应措施落实情况。上海市是全国率先执行最严格水资源管理制度的试点城市之一，也是 2013 年度考核等级为优秀的 4 个省、市之一。

上海计划到 2015 年，万元工业增加值用水量比 2010 年下降 30% 以上①。根据《上海市节约用水管理办法》（2011 年修订发布版）第十二条：用水单位应当把节约用水措施纳入企业技术改造计划。鼓励单位之间串联使用回用水，提高水的重复利用率。

① 《上海市节水型社会（城市）建设“十二五”规划》，上海市水务局，2012 年 12 月 26 日印发。

“水资源梯级利用”是参照生态工业园区的理念发展起来的，按照水质不同逐级利用水资源的一种方式。生态工业园区会通过物流或能流传递等方式把不同工厂或企业连接起来，形成共享资源和互换副产品的产业共生组合，建立“生产者－消费者－分解者”的物质循环方式，使一家工厂的废物或副产品成为另一家工厂的原料或能源，寻求物质闭环循环、能量多级利用和废物产生最小化。在循环经济的背景下，区域内产品闭路最为常见，特别是一些上下游依赖的专业工业园区如化工园区。水往往由于水价不高、激励不够而被视作是难以共生的资源，而上海为了促进节水型社会建设，推动了作为国家级生态工业园区和上海市节水型工业园区试点的金桥出口加工区的水资源梯级利用项目。2011 年起，工业园区的“水资源梯级利用”在上海金桥工业园区成功落地，并形成了“政府搭台，共同唱戏”的良好示范。

（2）行动：工业园区水资源梯级利用，政府企业各负其责的“中水买卖”

2011 年，在张江基金的支持下，上海金桥出口加工区启动了企业间水资源梯级利用项目一期工程可行性研究项目，在园区管委会、涉水企业和市供水处内进行调研，大家就共同关心的问题包括厘清“中水”的概念和可利用的中水种类，明确受水企业水质监测的主体，控制管道输送过程中的风险等展开了讨论和研究，后续对园区内相关企业就可梯级利用的水资源种类、水量水质、中水梯级利用方式和水处理成本等开展详细的调研工作，为项目实施提出了路线图。项目最终选择了可口可乐上海申美饮料公司和夏普公司率先开展了企业间的“中水买卖”。

申美公司基于可口可乐集团的全球可持续发展要求，其每日产生的2000立方米生产生活废水都会被处理至较高水平，其中一部分经深度处理后符合杂用水国家标准，用于自身厂区的厕所道路冲洗、绿化浇灌及冷却塔补充水之后还有剩余；在市供水处与园区管委会协调下，建议有余力的申美将中水售至其他企业。负责园区基础设施建设运营的金桥集团，投资建成中水管道，一期将95立方米/天中水输送至附近的上海夏普公司用于空调冷却水补充、冲洗厕所等，收到了较好的效果；2013年中，申美投资100万元的中水处理设备扩容上线，金桥集团追加建设的夏普一厂二厂之间的中水管道以及与中水利用相适应的相关附属设施也顺利完成调试验收，中水供水量由95立方米/天提高到250立方米/天。此外，诺基亚和西门子公司也计划使用来自申美可乐工厂的中水。申美饮料以自来水市价60%的价格将合格中水销售出去，一定程度上获得了经济效益。但无论申美还是夏普公司都表示目前项目的经济效益还不是促成此梯级利用的首要原因，部分与其跨国企业的企业社会责任和可持续发展行为相关。然而，随着以园区为平台的项目规模扩展，其经济价值也将得到提升。

作为示范项目，金桥项目各方都投入了资金和精力。通过以供水管理处为代表的上海水务局的协调，项目买方和卖方分别投资其厂界以内的管道和设备，金桥集团投资建设新的公共管道，

易的行为，其管理并没有正式的渠道。开展水资源梯级利用需要水务部门的支持，许可中水利用的供水协议。为此，上海市水务局、上海市城投总公司和金桥管委会是探索建立许可中水利用的供水协议的主要相关方，通过许可中水供水方式积极鼓励企业间水资源的梯级利用。

申美工作人员表示，企业并不能解决厂区以外的问题，也很难对园区管委会施加这方面的压力。因此这一项目的成功离不开水务局尤其是供水管理处官员的“穿针引线”和策划支持。上海市也建议推动企业间水资源梯级利用需要园区层次上统筹协调，金桥管理委员会、金桥集团应主动配合，参与中水利用的配套设施建设，完善中水梯级利用网络。

（3）展望：“中水管道”到“中水管网”

上海金桥出口加工区的水资源梯级利用项目为节约用水技术的发展和水资源的合理利用提供了良好的示范。目前金桥项目正处于稳步扩容阶段，更多的中水供水企业与受水企业正在参与项目，“一对一”或“一对多”的中水管道还将继续进化，升级成为覆盖多个供水企业和多个用水企业的管网，增加园区水资源梯级利用率。大家都希望此模式能最终摆脱政府补贴，实现市场运转。

目前，在大多数工业园区内，企业废水经收集处理后用于自身生产和生活用水的居多，而将中水供给对水质要求不高的其他企业或用于园区内公共部分的还比较少，符合生态意义上的水资源梯级利用网络尚没有形成。主要原因是由于当前工业用水价格还没有完全发挥出经济杠杆的调节作用。但相信随着水资源匮乏和企业需求矛盾的进一步加剧，污水处理技术的进一步发展，企业工艺水、中水、污水系统的进一步完善，开发区水资源梯级利用将得到越来越广泛的应用。

2014 年底，财政部、发展改革委和住房城乡建设部印发了《污水处理费征收使用管理办法》，2015 年 3 月 1 日正式执行。其中第九条规定：单位或个人自建污水处理设施，污水处理后全部回用，或处理后水质符合国家规定的排向自然水体的水质标准，且未向城镇排水与污水处理设施排水的，不缴纳污水处理费。

3. 上海市新能源汽车推广的商业模式创新

为了有效缓解能源和环境压力，促进汽车产业转型升级，中国政府不断加快着新能源汽车的推广应用。2014 年 5 月下旬，习近平主席调研上汽集团时明确提出了“发展新能源汽车是我国从汽车大国迈向汽车强国的必由之路”的要求，为我国新能源汽车的发展指明了方向。2014 年 7 月，国务院办公厅印发《关于加快新能源汽车推广应用的指导意见》，全面贯彻落实《国务院关于印发节能与新能源汽车产业发展规划（2012 ~ 2020 年）的通知》（国发〔2012〕22 号）。2013 年 9 月，财政部、科技部、工业和信息化部、发展改革委 4 部委发布了《关于继续开展新能源汽车推广应用工作的通知》和补贴政策；2014 年 11 月，财政部、科技部、工业和信息化部、发展改革委 4 部委又联合下发《关于新能源汽车充电设施建设奖励的通知》，发展改革委也就《新建纯电动乘用车生产企业投资项目和生产准入管理的暂行规定》征求意见。作为中国重要的汽车生产基地，上海在新能源车的扶持推广力度非常巨大，政府扶持结合企业投入，希望能走出一条上海之路。

2013年版《上海城市交通发展白皮书》里提出，未来10年，上海公共交通、步行、自行车等出行比重将不低于80%，新能源与清洁能源公交车比例将不低于50%，届时市民生活碳排放强度将明显下降。其中“引导汽车租赁、汽车共享等服务健康有序发展”，与新能源汽车市场推广结合起来，也体现了务实的上海特色。

（1）上海市经信委牵头上海新能源汽车推广工作

2006年，上海成立了由市政府领导负责的上海新能源汽车推进领导小组，由市经信委抽调专人成立新能源汽车推进办公室负责日常工作，近些年在再生能源汽车方面的投入在全国占据了领先地位。上海是国家首批公共服务领域节能与新能源汽车示范城市、首批私人购买新能源汽车试点城市和国家唯一的国际电动汽车示范城市。

2013年，上海向国家4部委申报了《上海市新能源汽车推广应用实施方案（2013～2015年）》并获得批准。2014年，上海市发布了13000辆新能源汽车的推广方案。同时，在市政府领导下，市各委办局相互支持、通力合作，市发展改革委牵头制定了涉及新能源汽车和充电设施的支持政策；市交通委牵头制定了新能源公交车购买和使用的一揽子政策，并部署落实了当年新能源公交车的采购和使用等工作；市科委支持节能与新能源汽车的技术创新，并通过创新带动示范应用促进产业发展；市机管局积极推动新能源汽车在公务车更新中的应用等。

结合国家要求和上海新能源汽车发展实际，上海的方案进一步明确了到2015年上海实现13000辆新能源汽车推广应用目标。其中，外地品牌车辆不低于30%；本市新增或更新的公交、公务、环卫、物流车辆中新能源汽车比例不低于30%。进一步完善基础设施建设，实现网络化、便利化，新建各类充电桩6000个左右。具体的年度推广目标：2013~2014年共推广约4000辆，2015年推广9000辆左右。按照车型分为新能源乘用车9500辆、客车1400辆、专用车2100辆左右。在公交、公务、环卫和物流等公共服务领域，推广应用4700辆新能源汽车。在充电设施方面，2013~2014年共建设交直流充电桩约1800个，2015年4200个左右。

上海市经信委牵头的工作中，经济刺激是重要内容。2014年5月20日，上海市人民政府办公厅通知转发了上海市发展改革委等6部门制订的《上海市鼓励购买和使用新能源汽车暂行办法》。根据该办法，对消费者购买新能源汽车，在中央财政补助基础上，根据上海市新能源汽车登记车型目录有关信息和上海市确定的补助标准，对直接或组织员工一次性购买新能源汽车超过10辆的法人单位，上海市再给予2000元/辆的财政补助；对汽车生产厂商，每回收一套新能源汽车动力电池，上海市给予1000元的补助。办法还表示，消费者购买新能源汽车用于非营运的，上海市免费发放专用牌照额度。对使用专用牌照额度的新能源汽车，实行一车一牌制度，不予办理退牌业务，且办理辖区外转移登记、注销登记、失窃手续的，不予发放额度更新凭证。同时，充电桩的建设也被纳入补贴。

根据《上海市新能源汽车推广应用实施方案（2013～2015年)》，上海需要制定以国际汽车城为中心（执行主体）的新能源汽车推广实施方案。国际汽车城是上海市政府“十五”计划中的重点建设项目，位于上海市嘉定区。作为综合性汽车产业基地，上海国际汽车城已经介入新能源领域，这是推动汽车城转型发展的重要路径，它将新能源汽车作为其二次发展的重要支点。

（2）以租赁服务培育电动汽车市场

新能源车的租赁是新能源汽车推广的有益尝试，它可以在新能源汽车还未普及之时，让消费者通过实际的驾乘体验，打消购买新能源车的顾虑，随着新能源汽车技术的发展和配套设施的完善，新能源汽车在国内的普及也就水到渠成。一嗨租车和上海国际汽车城新能源汽车运营服务有限公司分别获得了200张和300张新能源车租赁牌照。

第一，“从租到卖”模式。2013年3月，一嗨汽车租赁有限公司正式启动电动汽车租赁业务。同年4月起，一嗨租车在安亭上海国际汽车城建立4家电动车租赁门店，截至2014年11月底，一嗨租车在上海全市范围内设置了16个电动车租赁网点，有50辆荣威E50和2辆特斯拉。2013年，E50的出租率达到90%。随着2014

年国家相关部门密集出台新能源汽车发展的利好政策，鼓励新能源汽车消费，中国新能源汽车市场已经从培育期转入发展期。8 月下旬，一嗨与上汽乘用车宣布达成首批上千辆荣威新能源汽车的采购协议，包括插电式混合动力轿车荣威 550PLUG - IN 和纯电动轿车荣威 E50。

第二，国际汽车城的 B2B/B2C 尝试。为了实现对电动车的商业推广，上海国际汽车城成立了新能源汽车运营服务有限公司，这也是上海市第一家经营新能源汽车租赁和共享的专业公司。现已获得上海市汽车租赁行业资质与新能源汽车租赁服务牌照，面向上海市政府机关、企事业单位与个人开展新能源汽车租赁服务。2013 年 10 月，新能源汽车运营服务有限公司试水推出 B2B 的“企业长租服务”、B2C 的“分时租赁共享服务”两种模式，上海宝信软件、上海循道、上海宝钢集团、同济大学等企业和个人积极参与到电动车商业试用。通过半年多的体验，企业与个人用户反应良好。“企业长租服务”是企业由直接购买车辆转为购买汽车租赁服务。“分时租赁共享服务”则面向普通市民，类似于传统燃油车的租赁方式，但不同的是，其全部租赁手续都可在官网上和手机 APP 终端完成。市民只需通过官网注册，完成预订或预授权功能后将获得一把万能钥匙感应卡，市民凭卡去网点感应取车，并可在任意网点还车，最后通过淘宝支付宝、信用卡、微信等方式付费。全程自助式的租赁满足现代社会快速、便利的需求，易于被市民接受。

新能源汽车运营服务有限公司还就电动汽车租赁服务制订了5年战略计划，2014年在安亭地区推广电动车300辆，2015年在嘉定地区推广至800辆，到2017年将在整个上海地区推广至5000辆，遍布上海各交通枢纽、大型宾馆、大型居住社区和大型商务楼宇等。

当前新能源汽车运营服务有限公司在电动车商业试用阶段还积极收集用户体验感受、用车习惯等信息，用于优化租赁流程，今后还将推出配置充电盒、道路救援、事故处理、维修保养、代步车服务等一系列免费增值服务。电动车的分时租赁价格为30元/小时，与普通汽车租赁价格持平。但从长期效应来看，总体能源开销仅为汽油费用的1/10，特别适用于每日活动半径小于100千米的白领、外来办事旅游人士、高校师生等群体。

意愿调查发现，市民多对新能源车的续航里程、充电桩、性价比和可靠性等方面有所顾虑。上海市计划通过5年电动汽车租赁服务的推广，让更多市民通过真切体验新能源汽车以消除这些顾虑，希望结合不断完善的充电桩项目，推进新能源车的销售和社会认可度，能够加快新能源车的发展速度。

（3）解决后顾之忧：充电桩的建设与服务

充电问题一直是制约新能源汽车推广的“老大难”。在相关部委及企业配合下，截至2014年10月底，上海市已建成充换电站24座，充电桩2100个左右，覆盖公交、公司、高校、停车场、高速服务区等区域。同时，上海市新能源汽车公共数据采集与监测研究中心还正式发布了一款公共充电桩“车易充”APP 应用程序，它是一款电动汽车充电基础设施的寻找、路径规划和分享软件。“车易充”初步包括了上海市范围内可提供公共充电服务基础设施的地理位置、设备规格、运营供应服务时间等信息，可以让消费者随时寻找到离当前位置或者目的地位置最近的公共充电桩；对于注册用户，还可以根据消费者的车型自动筛选使用的充电桩信息，并预留了充电桩分享、充电收费信息等服务功能。该应用程序初步涵盖了上海市电力公司、普天新能源（上海）有限公司、上海国际汽车城（集团）有限公司以及特斯拉汽车、宝马汽车等 5 家企业提供的公共充电桩，其覆盖了上海徐汇、黄浦、嘉定、浦东等 11 个区县，54 个空间点，共计 290 个公共充电桩。计划中会纳入中国石化等其他充电设施运营商的公共充电桩。

截至 2013 年 9 月底，上海新能源汽车推广规模已达到 5630 辆，其中，私人用户超过 4221 辆，占比超过 70%[①]，推广数量已超过年度预期目标。

（4）展望：有效的商业模式和“聪明的”充电桩

上海的电动车扶持政策，已经通过出租、租赁、公车和企业车队等优先发展行业和领域落实至商业模式，这些能够为电动汽车在发展的起步阶段提供至关重要的市场空间，利用规模效应促进技术进步和成本下降，为电动汽车进入私人市场创造更好的条

① 沈文敏：《上海新能源车私人用户逾七成　公共充电桩 APP 启用》，载于《人民日报》，2014 - 11 - 09，http：//auto. people. com. cn/n/2014/1109/c1005 - 25997863. html。

件。同时，如果能够通过租赁数据和手机应用程序收集使用需求信息，反馈到充电桩的建设计划中，就能更好地定位和服务新能源车用户群，推动发展。

2014 年 11 月，国内首座智能太阳能光伏公共超级充电站正式落户上海市松江方松社区文化活动中心停车场。新搭建的充电站顶部铺满太阳能光伏板。这套 10 千瓦的光伏发电系统，最大转化效率达到全球领先的 22%，正常情况下每天所发的电量可以满足 2.5 辆电动汽车的充电需求。该充电站与电网并网运行，如果阴雨天太阳能不足或者充电车辆较多，系统就会自动切换到电网供电。这个超级充电站的 4 台充电桩，在基于国家充电标准基础上进行了全新开发，能同时适用于中国、欧洲、北美三大主流车系。太阳能光伏电站与充电桩的结合，是“聪明”充电桩体系的重要部分。

交通是城市发展的永恒主题。安全便捷的交通，是城市竞争力的重要体现，也是生态宜居城市的必要条件，更是广大人民群众的热切期盼。

4. 个人自建分布式光伏上网的“一站式”服务

（1）背景：分布式发电的发展契机

分布式发电是指在用户所在场地或附近建设安装、运行方式以用户端自发自用为主、多余电量上网，且在配电网系统平衡调节为特征的发电设施或有电力输出的能量综合梯级利用多联供设施。作为利用小型设备向用户提供能源供应的新的能源利用方式，分布式能源可以选择不同的能源输入，包括燃气、轻柴油、生物

表 4.1　　金桥水梯级利用项目各方投入与收益一览

名称	投入	收益	备注
上海申美（可口可乐）	中水处理与存储设备厂区内管线	自用中水水量得到保障；销售中水获取经济效益；环境效益纳入《企业可持续发展报告》	同时完成可口可乐集团对该工厂提出的“水回馈”目标
夏普公司、诺基亚、西门子等	厂区内管线及/或设备	以自来水价的60%购买中水，减少水费开支；环境效益纳入《企业可持续发展报告》	
金桥集团	建设与维护中水管道	实践“循环经济示范”，对其他节水型工业园区形成示范；园区基础设施，提高园区服务能力和价值	
上海市水务局、市供水处、金桥管委会	沪水务〔2012〕788号《上海市水务局上海市经济和信息化委员会关于加快推进金桥出口加工区企业间水资源梯级利用的通知》许可中水供水方式；合理制定中水费用；完善协调机制；加强宣传示范、科研投资；管网建设补贴	实践“最严格水资源管理制度”全国试点；典型案例推广	

将各参与企业的中水处理和输送设施相连接，也负责其他的配套设施建设与维护。金桥出口加工区自实施水资源阶梯利用项目后，工业重复用水率为93%，万元产值水耗0.8立方米。

政府在此案例中除了搭建平台和解决管网难题外，最重要的一步是供水许可。由于水资源梯级利用是企业之间进行水资源交质能、氢能或太阳能、风能等。对于城市居民用户，最可行的是光伏发电。

2012 年起，一系列国家政策出台，分布式能源项目逐渐走出示范，走向规模化应用，走向个人应用用户。很多人开始在自有住宅及在住宅区域内建设个人分布式光伏发电设施。2012 年 10 月 26 日，国家电网公司应势出台了《关于做好分布式光伏发电并网服务工作的意见（暂行）》（下称《并网服务意见》），建于用户内部场所的分布式光伏发电项目，发电量可以全部上网、全部自用或自发自用余电上网，用户可自行选择。用户不足电量由电网企业提供，上下网电量分开结算，电价执行国家标准，并明确上网收购电价。国家电网公司向社会郑重承诺：自 2012 年 11 月 1 日起，允许分布式光伏发电分散接入低压配电网，允许富余电力上网，电网企业按国家政策全额收购富余电力。免费接入 6 兆瓦/10kV（低压配电网）的光伏发电项目，需电网审批的相关申请将在 45 天内给予完成。自此，困扰国内光伏发展多时的并网难题得以破冰。此后，国家能源局在 2013 年《关于分布式光伏发电项目管理暂行办法的通知》第五章中专门规定了电网企业在分布式光伏发电电网接入和运行过程中的要求，指出电网企业应本着简便和及时高效的原则做好并网管理，提供电网接入的相关服务。

与以往相比，自国家电网公司出台《并网服务意见》之后，业内普遍反映的申报流程复杂、申报周期长的情况已大为改观。对于企业客户，并网申请只需要盖两个章：一是国家发展改革委的相关证明，二是国家电网公司的并网可行方案。个人客户也参照这个流程，但不用提供发展改革委证明，但需提供给电网公司一份邻居或物业公司的许可书。

从光照资源上来看，申城属于日照辐射三类区域，有发展太阳能应用的基础。上海也是市民个人分布式光伏发电最早的城市。在国网意见之后，结合上海市的补贴与政策引导，上海电力在实际操作过程中取得了良好口碑。通过编制《上海市电力公司分布式发电项目并网服务实施细则》《用户侧并网技术的暂行规定》《关于上网电量的结算方案》等为各服务窗口提供基本操作文件和管理办法，通过培训和印发光伏并网宣传册来提高系统内外的能力和影响。上海电力热线 95598 的咨询承诺是专业人员 24 小时内反馈。浦东供电公司还在营业厅设置了专人专窗，为分布式能源接入开通绿色通道，包括为申请业务的居民用户提供服务指导；对每个项目安排客户经理对口负责，跟踪业务流程推进情况，及时协调解决困难，并为用户提供预约上门等个性化服务等。从目前的用户体验来看，实现了电网部分的一站式服务。2014 年 10 月，《上海市光伏发电项目管理办法》出台，拟在全国范围内分布式光伏补贴标准为 0. 42 元/千瓦时基础上，提供 0. 25 元/千瓦时的地方补贴，期限为 5 年。

（2）实践：个人电站并网之路——从 6 年到 5 周

上海电力学院太阳能研究所所长赵春江的自建电站，是上海最早的个人光伏电站之一。2006 年，赵春江在闵行区自家别墅 30

多平方米的屋顶上安装了22块多晶硅光伏电池，装机容量3.1kW。6年来发电装置累计发电19000多度，然而由于一直没有相关政策，无法并网，他长期以来面临自家发电用不完、还得交电费的尴尬。直到2012年在《光伏并网服务意见》出台后，国网公司主动为赵春江更换了双向计量电表，他家才不用再缴纳电费，而富余电力也可以被电力部门收购[①]。

2012年12月7日，家住上海市松江区九亭镇的党先生，以个人身份向松江供电公司递交了公用住房屋顶发电项目申请，成为新政后上海市公用住房屋顶光伏发电的第一人。他在6层公寓的顶楼安装了10块光伏面板总容量为2.5kW，总面积约30平方米。递交申请后，电力公司多次主动派人上门勘测并提出接入方案。2013年1月5日，松江供电公司上门，对开关质量、电能质量、防孤岛装置性能、线路载流能力等设备的重要技术指标进行验收和调试，后当场出具了并网验收意见单同意并网，并安装了“光伏发电双向计量电能表”。整个过程耗时5周。

随着民间意识与电力公司业务水平的提升，越来越多的用户开始尝试个人光伏电站业务。上海第一例民用CIGS（柔性薄膜电池）电站业主，家住某小区一层的倪女士表示，一趟流程走下来，发现最复杂和困难的其实是小区邻居（楼上邻居担心影响景观）的不理解和投诉，而最出乎意料高效的是上海电力公司的一站式

---

① 《自建电站性价比低推广难难以形成大规模市场》，载于新民网（来源：《新闻晨报》），2013-03-08，http://biz.xinmin.cn/2013/03/08/19089073.html。

专业服务，可以体验到的是规范的管理流程和对专业知识的重视。

倪女士的电站2014年7月23日项目竣工后向电力公司报验，得到电力公司上门复核、换电表，到8月3日上门签署发售电合同正式并网，不过10天。9月22日，电力公司上门抄表，做补贴结算。整个流程的顺利，95598电力热线发挥了重要作用。热线规定是4个工作日回复请求，但通常1天之内就会收到口头通知预约上门时间，中间还不时有客服回访，邀请客户对员工的工作态度、专业技能等进行评价。基于对电力系统的信任，倪女士又放心地让电动汽车供应商在自家院子里安装了充电桩，并积极地在光伏电站微信群中分享发电数据与项目经验，并讨论系统改进、推动市场的机制建议。

截至2014年10月上旬，上海市个人光伏申请用户已有400余户。

（3）展望：在城市里选择高性价比的个人光伏服务

按照目前政策，个人光伏的补贴政策由三部分组成：第一部分，国家实行发电量补贴0.42元/千瓦时（含税），年限20年，国家资金通过电力公司转付；第二部分，上海市政府个人发电量补贴0.40元/千瓦时，年限5年，政府资金通过电力公司转付；第三部分，输向电网的多余电量上网电价按照上海当地标准脱硫电价0.45元/千瓦时（含税），由电力公司收购支付。以上海地区光照条件为例，每千瓦设备年发电量1000～1100千瓦，成本和安装费用约为8000～10000元。一般家庭住宅安装光伏面积约30～70平方米，可安装3～8千瓦太阳能发电设备。5千瓦光伏设备为上海市用户最常选择的规格，其年发电量约为4000～5000千瓦时，设备与安装总费用为4万～5万元。如无补贴政策需要8～10年才可收回成本，而根据目前补贴政策，可减少到4～6年。不过由于光伏设备的质量保质期一般在20～25年，其中每年有设备转换衰减，又由安装朝向、安装角度、施工质量、支架材料等因素直接影响其发电效率作用，因此一般说来在以后的10～15年才属于个人的净收入。但随着用户的增多，设备成本会相应下降从而缩短投资回报期。

个人光伏市场还亟须对普通客户的重视。由于规模和数据反馈问题，目前的太阳能厂商还是更多聚焦在商用客户，而普通用户又普遍缺乏对市场技术的辨别能力而影响消费选择。因此，作为接口的电力公司是否能够与用户一起进行数据挖掘，总结经验，向本地市场建议最高性价比的技术并持续推广，是个人光伏电站是否能大规模推广的重要支柱。

5. 依托长三角区域协作，推动大气污染联防联治

（1）背景：城市群区域的大气污染挑战

随着社会经济的快速发展，我国城市群区域的大气污染特征正发生重要转变，区域性、复合型大气污染问题凸现，区域经济社会持续发展面临新的挑战。长三角、珠三角、京津冀、辽宁中部、湖南长株潭以及成渝等城市群地区，资源、能源消耗巨大，大气污染物排放集中，重污染天气在区域内大范围同时出现，呈现明显的区域性特征；此外，排放量巨大的一次污染物在城市间输送、转化、耦合，导致 PM2.5 浓度、臭氧浓度、酸雨频率与灰霾天气频率不断增大，大气环境形势进入了多物种共存、多尺度关联、多过程演化为特征的复合型大气污染阶段。

以上海为例，通过城市大气污染来源和成因研究分析，基本判断上海的大气污染中，本地化石能源和污染物排放是主因，不利气象条件则是导致重污染的主要诱因。在 2015 年初发布的上海 PM2.5 来源解析结果中，区域影响为 16%～36%，平均约为 26%。

大气污染问题单靠各个城市自身的力量、各自为政的方式已难以有效解决，亟须打破行政区划限制，创新区域大气污染联防联控的体制机制。国务院 2013 年印发的《大气污染防治行动计划》第八项明确要求建立区域协作机制，统筹区域环境治理，建立区域协作机制，即建立京津冀、长三角区域大气污染防治协作机制，由区域内省级人民政府和国务院有关部门参加，协调解决区域突出环境问题，组织实施环评会商、联合执法、信息共享、预警应急等大气污染防治措施，通报区域大气污染防治工作进展，研究确定阶段性工作要求、工作重点和主要任务。《计划》将重点区域的细颗粒物指标、非重点地区的可吸入颗粒物指标作为经济社会发展的约束性指标，构建以环境质量改善为核心的目标责任考核体系。2014 年，全国人大常委会从 5 月开始在全国范围内开展执行《大气污染防治法》的执法检查。

（2）行动：跨界合作模式

2014 年 7 月，被称为史上最严的《上海市大气污染防治条例》，在上海市十四届人大常委会第 14 次会议高票通过，其中最亮点，在于将“长三角区域大气污染防治协作”单独成章。该条例 2014 年 10 月已正式实施，将长三角大气污染联防联控以法律形式固定下来。

2014 年 1 月 7 日，由长三角三省一市和国家八部委组成的长三角区域大气污染防治协作机制正式启动，并在上海召开第一次工作会议。会议审议通过了《长三角区域大气污染防治协作小组工作章程》，研究讨论了《长三角区域落实大气污染防治行动计划实施细则》（以下简称“《细则》”），结合区域经济社会一体化发展，着重商讨了开展大气污染防治协作联合行动的重点措施。《细则》明确到 2017 年，江苏、浙江、上海 PM2.5 浓度在 2012 年基础上下降 20% 左右，安徽 PM10 平均浓度比 2012 年下降 10% 以上。江苏、浙江、上海实现煤炭消费总量负增长，安徽合理控制煤炭消费总量。长三角区域至少提前 1 年完成国家下达的“十二五”落后产能淘汰任务。明确重点开展六大领域工作，包括：控制煤炭消费总量，大力发展清洁能源；加强产业结构调整，优化空间布局；统筹区域交通发展，防治机动车船污染；实施综合治理，强化污染协同减排；强化政策引逼，加强科技支撑；加强组织领导，强化监督考核。更为重要的是，会议决定由长三角区域大气污染防治协作小组办公室，形成沟通会商工作平台，加强信息共享、监测预测、科学研究、污染治理、执法监督与重污染天气应对等方面联动，携手控制区域性大气污染。

《细则》建议三省一市的环境保护厅/局为主要窗口单位，负责协同效果监测和监督。由上海牵头建设长三角区域空气质量预报预警中心，已于2014年底前建成，浙、皖、苏、沪三省一市将共享区域空气质量数据以及预报区域性空气质量变化趋势。

2014年作为长三角区域大气污染防治协作的开局之年，系列措施虽不能即刻战胜灰霾，但联防联治行动已初见成效。在2014年10月的全国范围横向比较中，长三角区域25个城市空气质量达标天数比例平均达82.7%，高于全国74个纳入监测范围城市的平均水平16.8个百分点；区域范围纵向比，长三角25个城市平均达标天数比例高出去年同期6.9个百分点，PM2.5和PM10的月均浓度分别下降9.1%和5.5%[①]。

区域性复合型大气污染是中国目前以及今后一段时期内所面临的主要大气污染问题，但我国现行的"属地"特征的环境管理制度安排无法满足污染物的跨界特征所需要的合作解决问题要求，亟须建立区域性的联防联控机制和方法，以应对酸雨、灰霾天气、PM2.5和臭氧超标等区域性复合型大气污染问题，达到改善区域空气质量的目的。

(3) 展望：在新起点推进长三角协同发展

长三角的区域协作历史由来已久，从2001年沪、苏、浙3省、市发起了由常务副省（市）长参加的沪、苏、浙经济合作与发展

① 李晔、陈玺撼：《长三角联手治理雾霾初获成效》，载于《解放日报》，2014-12-01，http://newspaper.jfdaily.com/jfrb/html/2014-12/01/content_42630.htm。

座谈会制度，2004 年启动了最高决策层悉数参加的 3 省、市主要领导座谈会制度，到 2009 年建立地区合作与发展联席会议，已经形成了区域决策层 - 协调层 - 执行层的全面工作机制；重点合作专题组的设立是其核心内容和主要抓手。浙、皖、苏、沪三省一市主要领导座谈会是区域经济社会发展的风向标。2014 年 12 月初的上海座谈会，三省一市的主要领导就积极参与“一带一路”、推动长江经济带建设、加快建世界级城市群以及共建长三角生态文明达成了共识。会议强调，要坚持绿色循环低碳发展，共建长三角地区生态文明。要加强区域环境联防联控联治，共同构建区域生态安全屏障。要以编制“十三五”规划为契机，完善协同发展机制。要进一步完善区域合作协调机制，加强专题合作，拓展合作内容，在新的起点上推进长三角地区率先发展、一体化发展。

可以看出，上海的绿色发展机制，最终体现为长三角协同的绿色发展。这不仅是经济发展过程中的切实环境需求，也是区域生态文明建设的重要内容。对依托黄金水道和几大城市圈的“长江经济带”以及“一路一带”国家战略，有着重要的借鉴意义。

执笔人：张亚雷　王倩　秦同娣　郭美婷

参考资料

[1] 联合国环境规划署. 中国 2010 年上海世博会环境评估报告. 2009 年 8 月发布

[2] 刘华宾，刘歆，曹磊. 杨雄：今后 5 年环保投入占全市 GDP 比例保持 3% 左右. 东方网，2013 - 01 - 27

[3] 上海市环境保护局．三年行动计划简介．上海环境网，2015

[4] 上海市环境保护局．立足大气细颗粒物来源解析结果，进一步强大大气污染防治，不断改善环境空气质量．上海环境网，2015

[5] 朱文蔚，卢羽华，匡彧．上海经济“大象转身”．深圳特区报，2012－02－26

[6] 上海长宁低碳门户网站 http：//www. shcnlc. org

[7] 沈则瑾．上海长宁区全面推进节能降耗工作实践低碳发展．中国经济网，2012－05－05

[8] 上海市政府．上海市城市公共交通“十二五”规划．中国上海网，2012－07－23

[9] 张宏斌．关于上海私车牌照拍卖制度的思考．价格评估，2014（3）

[10] 刘捷．优化小汽车牌照拍卖市场环境．交通与运输，2012（4）

[11] 冯苏苇，马祖琦，余凯．上海私车牌照拍卖政策效果分析．综合运输，2011（1）

[12] 潘高峰．逐步推行车主购车自备车位．新民晚报，2012－05－04

[13] 王赤风．上海2015年建成公交都市．城市公共交通，2013（12）

[14] 中国钜轩．2014中国主要城市汽车保有量排名．盖世汽车网，2014－05－04

[15] 上海市政协．有关部门汇报本市新增机动车额度拍卖资金使用情况．中国上海网，2007－08－07

[16] 上海市财政局．上海车牌拍卖账本公布去年收入87.9亿．中国上海网，2014－08－27

[17] 您的车停在哪里？寻求上海中心城区停车难的缓解之道．解放日报，2012－07－25

[18] 上海市发展改革委．上海碳交易市场运行平稳，交易量近200万吨．上海市发展改革委门户网，http：//www. shdrc. gov. cn/second. jsp？colid＝551&top_ id＝316&artid＝25485

[19] 李曙东，蔡新华．上海市政府常务会议就碳排放交易试点工作指出效果初步显现推进仍须加力．中国环境报，2014－07－31

[20] 李荣．亿元级碳基金在沪成立　上海碳市场发展迅速．经济参考报，2015－01－20

[21] 上海环境能源交易所．上海碳市场报告（2013～2014）．2015年2月发布

[22] 上海市统计局．2012年上海市国民经济和社会发展统计公报．2013年2月发布

[23] 顾长浩．《上海市促进生活垃圾分类减量办法》解读．上海绿化市容杂志电子版，2014－07－21

[24] 复旦大学城市环境管理中心．上海生活垃圾减量化经济激励机制研究．2012年

[25] 上海市生活垃圾分类减量推进工作联席会议2014第一次全体会议召开．中国上海网，2014－04－17

[26] 蔡新华，刘静．上海垃圾分类标准五次“变脸”．中国环境网，2014－03－04

[27] 上海缘源实业有限公司网站 www. shyysy. org

[28] Guodongjie. H&M旧衣回收计划”在全国所有门店启动．VOGUE时尚网，2013－08－09

[29] 上海绿色账户门户网站 http：//www. lajifenlei. sh. cn/

[30] 郭剑烽. 沪生活垃圾分类激励机制运行年底覆盖40万户居民. 新民晚报数字报，2014-09-16

[31] 毕雪华. 经济增长、产业结构与工业用水. 经济研究导刊，2014（22）

[32] 上海市水务局. 上海市节水型社会（城市）建设“十二五”规划. 2012-12-26印发

[33] 石爽，王东宇，张勇. 上海金桥工业园企业间水资源梯级利用方案分析. 中国给水排水，2012（4）

[34] 上海市水务局，上海市经济和信息化委员会. 关于加快推进金桥出口加工区企业间水资源梯级利用的通知. 2012年8月31日印发

[35] 沈文敏. 上海新能源车私人用户逾七成　公共充电桩APP启用. 人民日报，2014-11-09

[36] 嘉定：汽车城试水电动汽车分时租赁新模式. 中国上海网，2014-11-14

[37] 上海市发展改革委. 上海市光伏发电项目管理办法. 2014年10月发布

[38] 智能光伏充电站落户松江两个月内免费向公众开放. 中国上海网，2014-11-14

[39] 自建电站性价比低推广难难以形成大规模市场. 新民网（来源：《新闻晨报》），2013-03-08

[40] 张雷.《资源环境技术约束下我国主导产业选择研究》：[D]. 上海：上海社会科学院，2012

[41] 张丹.《中国高耗能产业政府规制问题研究》：[D]. 太原：山西财经大学，2007

[42] 王班班，杨光星，齐绍洲. 中国高耗能产业的区域转移及其对区域能源强度的影响. 发展经济学研究，2013（9）

[43] 胡欣欣. 宝钢产能外迁路线图调查. 21世纪经济报道，2012-06-22

[44] 胥会云. 未来5年宝钢搬迁将密集推进. 第一财经日报，2013-03-04

[45] 李晔，陈玺撼. 长三角联手治理雾霾初获成效. 解放日报，2014-12-01

[46] 江苏发展改革委区域经济处. 长三角区域合作机制的发展介绍. 江苏省发展改革委门户网站，2013-09-16

第五章

促进煤炭清洁高效利用的政策研究

我国以煤为主的能源结构在未来相当长的时期内难以改变，煤炭开发利用产生的污染物及二氧化碳排放是我国大气污染物和温室气体排放的主要来源。因此，促进煤炭清洁高效利用对于我国解决环境污染和气候变化问题具有十分重要的意义，是实现从“黑色”发展模式向“绿色”发展模式转变的关键之一。2014 年 6 月，国家主席习近平在中央财经领导小组第六次会议上提出要大力推进煤炭清洁高效利用。煤炭的清洁高效利用也是全球性的议题，如 2014 年 11 月 APEC 发布的会议宣言指出：“鉴于化石能源将继续在本地区中长期能源结构中扮演重要角色，我们重申清洁和高效利用化石能源的重大意义。如成员经济体短期内难以实现对煤燃料的替代，我们鼓励这些经济体加强在清洁煤技术开发和利用方面的合作，如扩大高效燃煤电厂建设，推广碳捕获利用与封存技术。”广义的煤炭清洁高效利用包括在煤炭开采、加工、燃烧、转化和污染控制等环节减少污染和提高效率，限于时间和精力，本章主要研究原煤开采出来以后的清洁高效利用。

一、煤炭清洁高效利用是实现绿色发展的关键之一

我国目前高能耗、高排放的粗放式发展方式与煤炭消耗量大、利用方式粗放有直接关系，促进煤炭清洁高效利用是从当前发展方式转向绿色发展的重要内容。

1. 燃煤排放是造成我国大气污染严重和温室气体排放量大的主要因素

我国煤炭消费快速增长但清洁利用水平较低，对大气环境造成了严重污染，并带来了大量温室气体排放。我国煤炭消费量快速增长，已经连续多年居世界第一。根据 BP 发布的《2013 年世界能源统计年鉴》，2013 年，我国煤炭消费量 19.25 亿吨油当量，占全球煤炭消费总量的 50.3%，远超过排名其后的美国（4.56 亿吨油当量，占比 11.9%）、印度（3.24 亿吨油当量，占比 8.5%）、欧盟（2.85 亿吨油当量，占比 7.5%）、日本（1.29 亿吨油当量，占比 3.4%）等其他经济体。煤炭燃烧过程中排放的二氧化硫、氮氧化物、烟粉尘等，是大气污染物的主要来源。在我国煤炭消费中，约一半用于发电，其单位排放相对较少①，按照目前燃煤发电

① 2013 年，全国 90% 的煤电机组安装了脱硫设施，55% 的煤电机组安装了脱硝设施，所有煤电机组都配置了高效除尘设施，除尘设施平均效率由 2005 年的 98.5% 上升到 2013 年的 99.65%。我国大量煤炭被直接燃烧利用（如居民分散燃煤供暖），这部分煤炭消费排放的污染物未经处理，对环境的影响远远大于电力行业。

的节能减排技术，二氧化硫、氮氧化物以及烟尘的减排效率分别可以达到95%、70%～90%和99%。但即使采用了减排技术，燃煤发电排放的二氧化硫和氮氧化物还是占到总排放量的很大比例。根据中国电力企业联合会发布的数据，2013年，全国电力行业二氧化硫、氮氧化物和烟尘排放量分别为820万吨、834万吨、142万吨，分别占全国总排放量的40.1%、37.4%、11.1%。除发电外，我国其余煤炭消费主要用于工业制造和供暖，其减排技术和效率均不如燃煤发电领域。随着煤炭消费量增长，二氧化碳的排放量也显著增加，煤炭燃烧产生的二氧化碳排放也占了全国温室气体排放量的大部分。一般来说，1吨标准煤燃烧约产生2.7吨二氧化碳。按此估算，2013年我国共消耗24.75亿吨标准煤，产生66.8亿吨二氧化碳，约占全国二氧化碳排放总量（约100亿吨）的2/3。由于我国煤炭利用与污染控制技术水平较低，巨大的煤炭消费量导致我国二氧化硫、氮氧化物、二氧化碳等排放量高居全球首位。燃煤污染物排放是导致雾霾天气的PM2.5的主要来源之一，我国近些年来持续出现大范围雾霾天气，2013年全国平均雾霾天气创下50多年来的最高水平，直接影响了国家经济社会发展。我国大量的二氧化碳排放也遭到了国际社会的非议。要从根本上改善我国空气质量，降低煤炭消费产生的污染物排放势在必行。

2. 煤炭在能源消费中占比大且短期内难以改变，实现清洁利用势在必行

长期以来，煤炭在我国能源消费中始终占主导地位，占比下降缓慢。根据《BP 世界能源统计年鉴》，1965～2013 年，我国煤炭消费量从 1.14 亿吨油当量增长至 19.25 亿吨油当量，年增长率 6%。1965～1976 年，我国煤炭消费量占一次能源消费比重逐年下降，从 87.1% 下降至 70.7%，之后随着我国经济快速发展，占比开始回升，1987 年增长至 77.2%，然后开始缓慢下降。进入 21 世纪以来，煤炭消费量在一次能源消费量中占比基本保持在 70% 左右，近年来略有下降，2013 年为 67.5%（见图 5.1）。

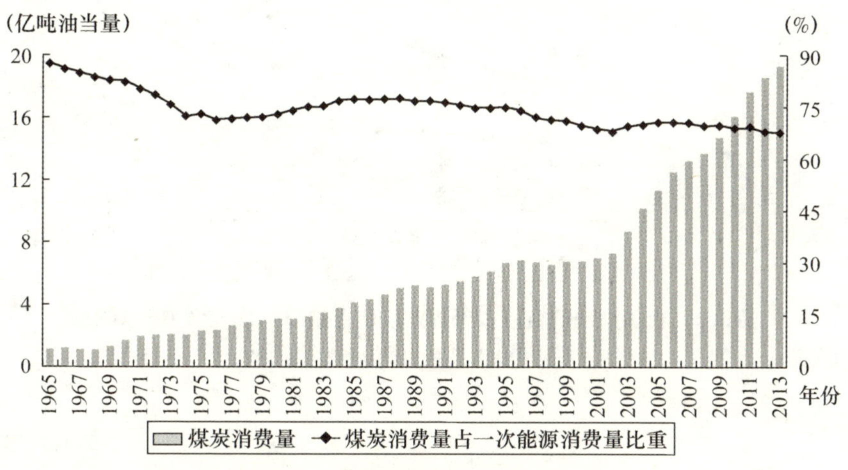

图 5.1　我国煤炭消费量及占比

资料来源：《BP 世界能源统计年鉴》（2014 年）。

目前，我国煤炭消费量已占世界煤炭消费量的一半，在能源消费中所占比重也远高于世界平均水平。1965～2013 年，我国煤炭消费量占世界煤炭消费量比重从 8.0% 增长至 50.3%，在世界一次能源消费量中的比重从 3.0% 增长至 15.1%，在世界煤炭及能源消费中均占有较高比重（见图 5.2）。与世界平均水平相比，我国煤炭在一次能源消费中所占比重偏高。1965～2013 年期间，世界煤炭消费量占一次能源消费量比重从 38.0% 下降至 30.1%，大部分时间保持在 30% 以下，而我国煤炭消费量占一次能源消费量比重在 67.5% ~87% 之间，为世界平均值的 2 倍以上（见图 5.3）。

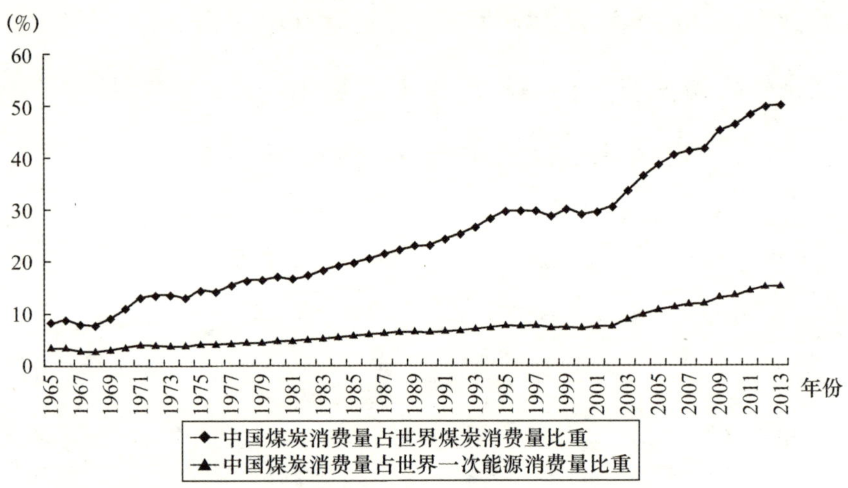

图 5.2　我国煤炭消费量占世界煤炭消费量及一次能源消费量比重

资料来源：《BP 世界能源统计年鉴》（2014 年）。

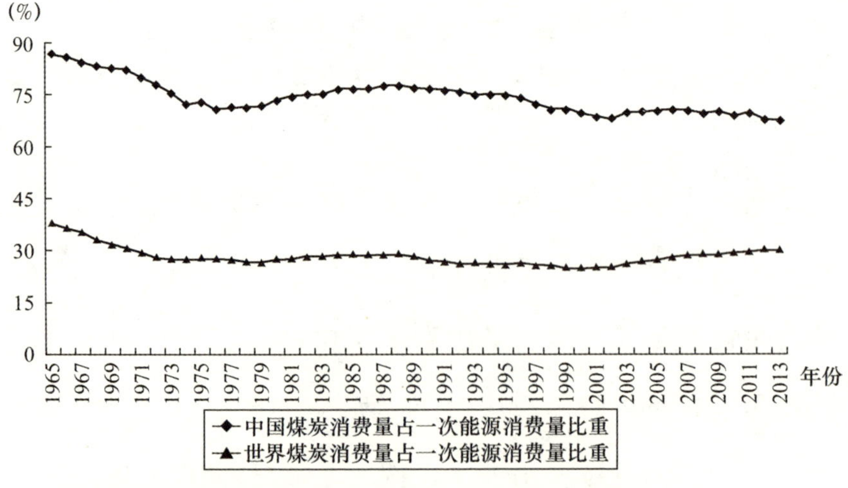

图 5.3　我国与世界煤炭消费量占一次能源消费量比重比较

资料来源：《BP 世界能源统计年鉴》（2014 年）。

各方预计未来相当长时期内，我国煤炭消费量还将进一步增长，煤炭在我国能源结构中的主导地位难以改变。尽管我国已经开始注意调整能源结构，控制煤炭消耗，但短期内煤炭为主的能源结构难以转变。国务院发展研究中心2013年发布的《中国中长期能源发展战略研究》估计，我国在采取优化政策的情景下，2020年我国煤炭消耗量为32.55亿吨标准煤（折合原煤45.6亿吨），2030年为29.40亿吨标准煤（折合原煤41.2亿吨），均比2013年原煤消耗量（36.1亿吨）多。而中国煤炭工业协会预测，我国煤炭消费量可能在2020年达到峰值47.6亿吨，2020年后消费量缓慢下降，2030年降至45.6亿吨。

因此，在能源结构短期内无法大规模调整的现状下，从煤炭清洁高效利用的角度入手，减少煤炭消耗引起的污染物和二氧化碳排放，是解决我国能源和环境问题的必然选择。

3. 发达经济体控制燃煤污染的经验表明，推进煤炭清洁高效利用、改善大气环境完全可以实现

发达国家控制燃煤污染的经验表明，推进煤炭的清洁高效利用，大幅度降低煤炭消耗产生的污染物排放并改善大气环境完全可以实现。作为世界第二大煤炭消费大国的美国，其煤炭消费量也一直处于增长中。1965～2008年，美国煤炭消费量从2.92亿吨油当量增长至5.64亿吨油当量，直至2008年左右页岩气开发出现了革命性突破后才开始减少（见图5.4）。美国煤炭消费量占世界煤炭消费量比重曾长期保持在20%以上，最高于2000年达

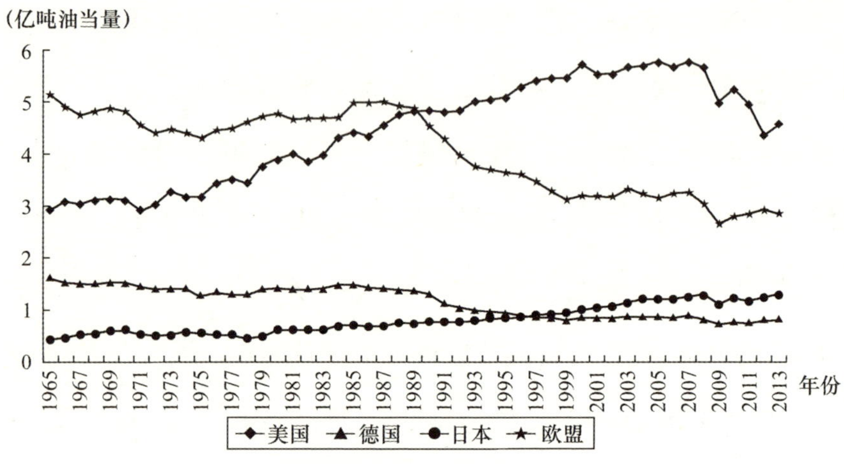

图 5.4　发达经济体煤炭消费量变化过程

资料来源：《BP 世界能源统计年鉴》（2014 年）。

24.3%，之后因中国煤炭消费量的快速增长及后来页岩气的替代效应，占比才开始下降（见图5.5）。欧盟煤炭消费量在1990 年前保持在4.3 亿~5.1 亿吨油当量之间，之后消费量开始下降，2000 年后在3 亿吨油当量上下波动；1965 ~1990 年期间占世界煤炭消费量

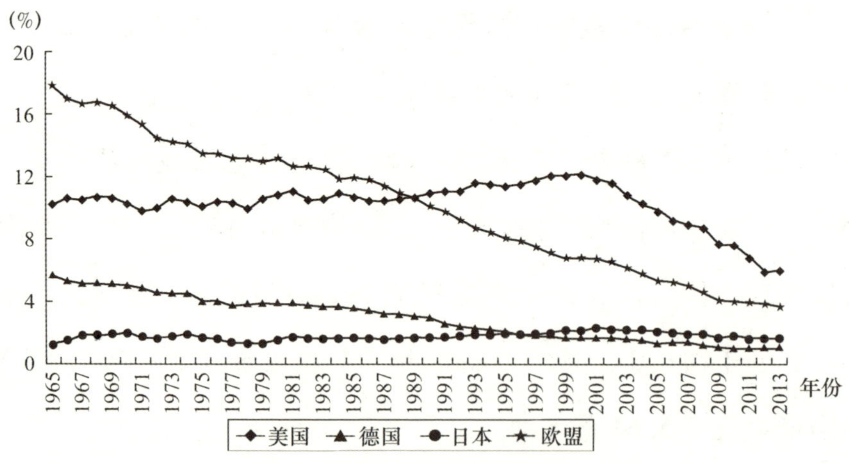

图 5.5　发达经济体煤炭消费量占世界煤炭消费量比重变化过程

资料来源：《BP 世界能源统计年鉴》（2014 年）。

比重保持在20%以上，最高达35.8%。欧盟所有国家中，德国为煤炭消费最多的国家，其煤炭消费量在1990年前保持在1.3亿~1.6亿吨油当量之间。日本煤炭消费量一直保持增长趋势，1965~2013年，煤炭消费量从0.44亿吨油当量增长至1.29亿吨油当量，占世界煤炭消费量比重保持在3%~4.5%之间。虽然这些发达国家或地区在20世纪90年代之前煤炭消费量均未减少，甚至一直处于增长过程中，但均通过提高煤炭利用效率和控制污染物排放水平实现了环境改善的目标。因此，煤炭清洁高效利用完全可以实现和可行。

二、发达国家推进煤炭清洁高效利用的做法

美国、欧盟国家（主要是德国）、日本这些煤炭消耗量居世界前列的发达市场经济体在推进煤炭清洁高效利用方面取得了显著成效，其主要做法如下。

1. 政府制定中长期污染物排放控制目标，引导市场预期和各方行动

在煤炭等污染物排放控制中，存在一个环境容量，在环境容量确定的情况下，由于各区域环境容量不同、各地各领域减排成本不同等原因，存在一个最优的减排方案。在市场经济国家，政府一般不采取控制企业生产规模、项目准入等做法来减少污染物排放，而是通过发布未来的污染物排放控制目标，引导市场各方

根据排放目标采取相应行动。如，1970 年美国颁布并实施《清洁空气法案》，构建了美国环境大气质量标准与排放总量控制相结合的大气污染防治策略体系；2005 年，美国环境保护局制定了《清洁空气州际法案》，规定东部地区 2010 年二氧化硫排放量限制在 370 万吨，2015 年的限制目标是 260 万吨。2014 年 6 月，奥巴马政府颁布美国所有燃料电厂削减碳排放量，计划到 2030 年排放量比 2005 年降低 30%。20 世纪 70 年代，酸雨与污染物跨界传输问题的凸显，促使欧洲开始采取积极的总量削减控制策略，1985 年的《赫尔辛基公约》首次对二氧化硫提出了削减 50% 的目标，此后在不同的公约中又分别增加了对氮氧化物和 VOC（挥发性有机化合物）的削减目标。2008 年 4 月，欧盟通过了《环境空气质量指令》，规定到 2020 年，在城市地区，各成员国须在 2010 年的基础上平均降低 20% 的细微颗粒物 PM2. 5 含量。

与通过行政方式直接控制生产过程相比，采取中长期目标引导方式的做法具有如下优点：市场各方选择的空间大，可以采取各种方式来实现减排，选择最经济的方式来实现目标，从而更有效地配置资源。

2. 制定严格的环保法规和标准限定煤炭污染物排放，推动企业采取清洁利用措施

对燃煤企业污染物排放提出强制性的法律排放限值，以限定污染物的排放浓度或排放量是各国通行做法。不同的国家和地区采用的立法形式不同，美国、欧盟、德国、日本等国家和地区都是针对具体机组提出明确的排放限值和管理要求，由议会批准后实施。这些法律对火电企业采用不同燃料、不同机组、不同时间段污染物允许排放量都有明确规定，且一部法律文字少则几十页，多则几百页，规定的内容非常详细。在设立污染物排放控制标准时，一般依据最佳可行技术实施动态控制。

美国于 1970 年颁布了《清洁空气法案》，法案责令新设立的美国环境保护署（EPA）制定全美空气质量标准和某些污染物排放限值，从而建立了“国家环境空气质量标准”体系，该体系以采取一定的先进技术所能达到的水平为基础①，对包括二氧化硫、二氧化氮、臭氧和 PM2.5 在内的 7 种污染物的浓度进行了限制。排放标准针对各行业或各类污染源的具体特点制定，以最佳实用技术为依据，更新频率较高。在《清洁空气法案》的指导下，美国国家环境保护局于 1970 年颁布了首个燃煤电厂新源大气污染物排放标准，该标准对功率大于 73 兆瓦的新建发电机组的二氧化硫、氮氧化物和颗粒物 3 类污染物设置了排放限值。1977 年对该标准进行了首次修订，加严了污染物排放限值并要求脱硫效率不得低于 70%。1997 年进一步加严了氮氧化物排放限值，新排放限值为不大于 218 毫克/立方米，约为 1977 年排放限值的 1/3，同时取消了区分燃煤的类型和性质，并对新建火电机组给出基于电量输出的排放限值。2005 年颁布了现行新源排放标准，进一步加严各种

① 法案中明确规定各州政府与环境保护局要参照最新的科研成果。

污染物的排放限值，二氧化硫排放限值由740～1480毫克/立方米降为184毫克/立方米，氮氧化物由218毫克/立方米降为135毫克/立方米（新建机组为0.45克/千瓦时），颗粒物由40毫克/立方米降为20毫克/立方米，新规要求新建电厂的二氧化硫不仅不得超过排放限值，同时要求所有电厂必须安装脱硫装置，且脱硫效率不得低于95%。2011年12月，美国环保署发布了汞及其有毒有害气体排放限值标准，规定了自2004年1月30日以后新建燃煤电站锅炉的汞排放限值。

在欧洲国家中，德国率先制订《大型装置燃烧法》，该法于1983年生效，要求自1987年7月1日起，大型燃烧装置排放烟气中的二氧化硫浓度不得超过400毫克/立方米，烟气中硫含量低于燃料含硫量的15%。因此，几乎所有的电厂都在原有的机炉厂房旁建立起高大崭新的烟气脱硫、脱硝设备，成为德国电厂的一大特色。德国人后来把1983～1988年间在全联邦德国范围内加装烟气净化设备的举措称之为“改装运动”。到1988年德国已有95%的装机容量安装了烟气脱硫装置，火电厂二氧化硫排放量由1982年的155万吨降低到1991年的20万吨，削减幅度达到87%。

在联邦德国等国的推动下，当时的欧共体于1987年出台了首部《大型燃煤企业大气污染物排放限制指令》（88/609/EEC），对大型燃烧装置的二氧化硫、烟尘和氮氧化物排放进行控制，根据燃料性质和热功率不同给出不同排放限值。2002年，为了进一步加强对大型燃烧装置排放大气污染物的控制，欧盟对88/609/EEC

指令进行了修改，制定出台了现行的《大型燃煤企业大气污染物排放限制指令》（2001/80/EC），进一步加严污染物排放限值，500兆瓦以上机组二氧化硫排放限值由400毫克/立方米降为200毫克/立方米、氮氧化物排放限值由650毫克/立方米降为200毫克/立方米，颗粒物排放限值由50毫克/立方米降为30毫克/立方米。

日本并没有单独针对煤炭利用的环保政策，而是将其纳入总体环保政策体系进行管理。为了解决二氧化硫污染问题，日本国会于1968年6月通过了全面修改后的《大气污染防止法》。以后经过8次修改（几乎每年一次），排放标准一次比一次严格。日本通过制定完善严格的环保标准，推行政府环保计划，开展二氧化碳减排和实施严格的环保评估等一系列政策措施，促使企业使用煤炭洁净利用技术。

日益严格的环保标准，迫使不能满足标准要求的企业采取污染控制措施或关闭。如美国1990年《洁净空气修正案》的实施有效推动了用户更多地使用来自中西部煤矿的低硫煤炭，从而取代了硫含量高的阿巴拉契亚煤。

3. 采用集中统一监管方式执行环保标准，破除环保执法的地方保护主义

由于污染物排放存在外部性使得其控制产生了“搭便车”的道德风险问题，因此，建立煤炭污染物排放的环保标准后，执行是关键。为了确保环保标准能够执行到位，美、德、日等国均建立了一套有效的执法体系，采取高层权力机构（如联邦、中央政府等）集中统一监管的方式。

在美国，污染物排放标准的实施受到联邦和州政府的双重监督。为了达到国家环境空气质量标准，各州都制定了固定源和移动源相关污染物的排放标准，并以州实施计划的形式给出各州空气质量达标和改善时限、具体措施及可行性分析等，但州法规只能用来制定比现有联邦规定更严格的标准，联邦环境保护局批准并对其执行情况进行监督检查。美国环境保护局在全国各地都设有完全独立于州政府的派出机构，负责监测和监管各地的环境质量。联邦环保局可以对在自然资源保护和污染防治治理上执行不力和对各项环保计划的实行不予配合的州，给予严厉惩罚。另外，如果州环保局不能正常履行职责，联邦环保局还可以直接接管其运行。

在德国，联邦法是环境法的主体，州政府对环境法实施负主要责任。联邦政府掌握宏观控制，州和地方政府灵活机动实施。州政府主要采取直接管理的方式，即州环保机构在各区（介于州、县之间）设立派出机构，直接到污染企业核查，另外委托县、市进行部分环境管理。联邦政府主要依据法律规定对州环境政策法规实施情况进行监督，州对环境政策法规的实施要经过上议院批准。

日本于1972年设立环境厅（2001年升格为环境省），专门负责环保政策和环保执法。环境厅与地方机构相互独立，无上下级的领导关系。为保证环保法律的实施，环境厅可将部分权力交由都道府县、市町村及其长官行使。

4. 长期持续资助煤炭清洁利用技术研发和示范，促进洁净煤技术商业化

针对煤炭消费带来的严重环境污染，发达国家政府从20世纪80年代开始发展煤炭清洁利用技术，之后一直给予持续支持，直到目前仍在推进相关领域技术研发和示范。

美国政府对于煤炭清洁利用技术研发、示范直到商业化应用给予了全方位支持，通过设立各种计划持续不断向前推进。1986年3月，美国率先推出并实施了总投资69亿美元的“洁净煤技术示范计划”，示范计划主要包含四个方面：先进的燃煤发电技术（整体煤气化联合循环发电－IGCC、常压和增压流化床燃烧、燃料电池、磁流体、烟气燃气轮机）；污染物排放的有效控制装置（先进的烟气脱硫技术、先进的氮氧化物与硫氧化物联合脱除系统、低氮氧化物燃烧器、催化和非催化脱除氮氧化物系统、燃气和煤的再燃技术、吸附射流系统）；煤炭加工成洁净能源技术（选煤、煤加工、温和气化、气化、液化）；工业应用（冶金、水泥及造纸行业控制硫、氮、灰尘排放和烟气回收洗涤等）。该计划已有13项取得初步商业化成果。2001年，美国政府通过“煤研究计划”支持能源部国家能源技术实验室进行清洁煤技术研发。2002年，美国提出“清洁煤发电计划”，支持企业与政府建立伙伴计划，共同建设示范型清洁煤发电厂，对具有市场化前景的先进技术进行示范验证。能源部“碳收集项目”计划在10年内投入4.5亿美元，同7个地区性伙伴共同进行二氧化碳的收集、运输、注入及长期封存等实验，以验证二氧化碳能够安全地、永久地并且经济地进行封存。2003年，美国提出了投资10亿美元的“未来发电计划”，开展煤发电、制氢以及二氧化碳捕集和封存的研发工作。2005年，时任美国总统布什签署了《能源政策法案》，政府将继续支持煤炭清洁利用方面的技术研发，其后10年美国政府将投资100多亿美元加强其能源基础设施建设。依据2005年通过的《能源政策法案》1307条，美国政府对清洁煤项目给予总计16.5亿美元的税收优惠，具体包括：8亿美元的税收优惠给予整体气化联合循环（IGCC）发电项目，这一额度将大致平均地分配给利用烟煤、亚烟煤及褐煤发电的各IGCC项目；5亿美元的税收优惠给予除IGCC项目以外的其他创新型先进煤发电技术；3.5亿美元的税收优惠给予非发电用的煤气化技术，这些煤气化技术不是用于发电，而是用于化工产品生产。

20世纪80年代，欧盟前身欧共体制定了“兆卡计划”，主要目标是减少各种燃煤污染物以及温室气体排放，使燃煤发电更加洁净，通过提高效率，减少煤炭消耗。欧盟“第五研发框架计划”（1998-2002年）以及欧盟“第六研发框架计划”（2002-2006年）均支持洁净煤发电技术，通过新型发电技术的示范，以改善燃煤电厂的环境和经济可接受性，重点是改进传统煤炭技术，推进建设IGCC电厂，开发生物质与煤联合气化、烟道气干法脱硫和脱氮等新工艺。欧盟“第七研发框架计划”（2007-2013年）在能源研究领域的 9 个研究方向中，包括“开发二氧化碳捕获及封存技术、实现电力生产零排放”和“洁净煤技术”2 个方向。2013 年 11 月，欧盟发布“第八个研发框架计划”（即“地平线 2020”计划），继续支持碳捕获和封存技术研发。

日本在推进煤炭清洁利用过程中，政府充分发挥了政策引导作用。日本早在 1980 年就成立了新能源产业技术综合开发机构（NEDO），从事洁净煤和新能源技术的研发，并于 1995 年组建了洁净煤技术中心，专门负责开发 21 世纪的煤炭利用技术。日本在 1992 年制定的第 9 次煤炭政策中规定，洁净煤技术是日本煤炭科研的重点。1999 年又制定了“21 世纪煤炭技术战略计划”，提出 2030 年前分 3 个阶段开发洁净煤技术，最终实现煤作为燃料的完全洁净化。其主要项目有：先进发电、高效燃烧、脱硫脱氮和降低烟尘、利用煤气的燃料电池、煤炭制造二甲醚和甲醇、水煤浆、煤炭液化和煤炭气化等。

5. 通过排污权交易、环境税等市场机制激励企业减排，提高治污效率

发达国家在早期控制煤炭污染物排放过程中，主要依靠行政命令方式，自 20 世纪 90 年代以来，则普遍转向采用市场化方式来减排，旨在以最低的经济成本实现最有效的环境保护。国际上用于环保的经济政策工具主要有环境税、补贴、排污权交易和环境基金四大类，核心是理顺激励机制，引导企业主动减排。在控制煤炭污染物排放、实现煤炭清洁高效利用方面，主要有如下措施。

一是排放权交易。排放权交易是指政府设定污染物的全社会排放总量目标，根据一定规则将排放量分配给企业，并允许企业之间自由交易配额。配额规定了每家企业的最大排放量，若超排需要从市场上购买新的配额，若少排则可以通过出售配额获益。因此，排放配额成为有价值的可交易商品，并通过价格引导企业主动减排。这种方式能控制排放总量，并以市场机制优化分担减排成本，灵活性较高。为控制酸雨，美国从1995年开始对发电厂实施二氧化硫排放权交易制度。该市场在联邦政府环境保护署的监管下运行。准确的排放数据是核实配额使用情况的基础，政府负责核实排放量，并强制发电厂安装排污监测设备，年均成本分摊到装机容量上约合0.16美元/千瓦。1995年至2007年，美国二氧化硫排放量减少了43%，执行成本仅为最初估计的一半。目前美国已将排放权交易扩展到氮氧化物、氟利昂、铅等领域。为降低温室气体排放，欧盟于2005年1月开始实行碳排放交易，至今已覆盖了31个国家的1.1万家电力和制造企业。

二是环境税。环境税是让排污者承担污染的社会成本，以抑制排污行为。通常，环境税是针对矿产资源开采和工业生产排放，征收的资金或纳入一般预算，或用于污染治理等特定用途，可以在生产或消费环节征收。环境税虽不直接限制排污总量，但提高税率将通过利益机制引导企业减少排放。例如，日本政府对二氧化硫排放征税，并实行差别化税率引导企业区位选择，整体上介于0.625～56.25美元/立方米，中心城市等重点控制区的税率更高。

三、我国开展煤炭清洁高效利用的做法和存在的问题

（一）政策措施

为了推动煤炭清洁高效利用，我国相关部门积极借鉴发达国家的做法，出台了一系列相关措施。

1. 设定煤炭相关污染物排放控制目标，纳入规划予以实施

我国国民经济发展、环保规划均设定了煤炭相关污染物排放的控制目标，并推行相关技术政策予以落实。我国最早对煤炭燃烧产生的二氧化硫控制比较重视，2000 年前后，燃煤二氧化硫排放量占二氧化硫排放总量的 90% 以上，为此，控制二氧化硫成为当时的重点。2001 年 3 月，《国民经济和社会发展第十个五年计划纲要》提出，主要污染物排放总量比 2000 年减少 10%，“两控区”二氧化硫排放量比 2000 年减少 20%。此后，《国民经济和社会发展第十一个五年规划纲要》提出二氧化硫排放总量减少 10%，《国民经济和社会发展第十二个五年规划纲要》提出二氧化硫排放量减少 8%，氮氧化物排放量减少 10%。2001 年 12 月，《国家环境保护“十五”计划》提出，全国二氧化硫排放量控制在 1800 万吨，尘（烟尘和工业粉尘）排放量控制在 2000 万吨，其中，电力行业二氧化硫排放量比 2000 年削减 10% ~20%，大中型冶金企业烟（粉）尘、二氧化硫等主要污染物排放量降低 10%。配合排放控制目标，2002 年 1 月，原国家环保总局、原国家经贸委、科技

部联合发布了《燃煤二氧化硫排放污染防治技术政策》，提出电厂锅炉、大型工业锅炉和窑炉使用中、高硫份燃煤的，应安装烟气脱硫设施；中小型工业锅炉和炉窑，应优先使用优质低硫煤、洗选煤等低污染燃料或其他清洁能源；城市民用炉灶鼓励使用电、燃气等清洁能源或固硫型煤替代原煤散烧。

2. 强制关停小火电机组，支持大规模煤电生产

为了快速实现节能减排的目标，我国相关部门采取了关停小火电机组，集中建设大机组的措施，即“上大压小”。1999 年 4 月，原国家经贸委颁布了《关于关停小火电机组有关问题的意见》，要求：在老旧机组替代改造项目中被替代的机组、已退役报废的机组和服役期满单机容量 2.5 万千瓦以下（含 2.5 万千瓦）的凝汽式机组，1999 年 12 月 31 日前一律予以关停；单机容量 5 万千瓦以下（含 5 万千瓦）的中压、低压常规燃煤（燃油）机组，2000 年底前予以关停；单机容量 5 万千瓦以下（含 5 万千瓦）的高压常规燃煤、燃油机组，2003 年底前基本关停。2007 年 1 月，国家发展改革委、原能源办制定了《关于加快关停小火电机组若干意见》，要求“十一五”期间，在大电网覆盖范围内逐步关停以下燃煤（油）机组（含企业自备电厂机组和趸售电网机组）：单机容量 5 万千瓦以下的常规火电机组；运行满 20 年、单机 10 万千瓦级以下的常规火电机组；按照设计寿命服役期满、单机 20 万千瓦以下的各类机组；供电标准煤耗高出 2005 年本省（区、市）平均水平 10% 或全国平均水平 15% 的各类燃煤机组。鼓励通过兼并、重组或收购小火电机组，并将其关停后实施“上大压小”建设大型电源项目。在执行过程中，国务院要求国家发展改革委将全国小火电机组关停目标分解到各省（区、市），并与各省级人民政府和国有大型电力集团公司签署小火电机组关停目标责任书。

3. 逐步提高燃煤污染物排放标准，控制企业污染物排放

我国较早就颁布实施了燃煤电厂和工业锅炉大气污染物的排放标准，并随形势变化逐步加严。1973 年，我国最早颁布了《工业企业“三废”排放试行标准》（GBJ4－73），规定了电站的二氧化硫、粉尘的排放标准。1991 年 10 月，原国家环境保护局批准发布了《燃煤电厂大气污染物排放标准》（GB13223－91），规定城市、农村地区燃煤电厂二氧化硫排放限值分别为 0.06 毫克/立方米、0.09 毫克/立方米，烟尘则根据燃煤应用基灰分、锅炉类型允许排放浓度为 150～3300 毫克/标准立方米。1996 年，原国家环境保护局发布了《火电厂大气污染物排放标准》（GB13223－1996），分年限规定了火电厂最高允许二氧化硫排放量、烟尘排放浓度和烟气黑度，规定了第Ⅲ时段火电厂二氧化硫与氮氧化物的最高允许排放标准。2003 年 12 月，原国家环境保护总局和国家质量监督检验检疫总局发布了《火电厂大气污染物排放标准》（GB13223－2003），分 3 个时段，对不同时期的火电厂建设项目分别规定了烟尘、二氧化硫和氮氧化物 3 种污染物的排放控制要求，其中新建机组的烟尘排放浓度均按小于等于 50～200 毫克/立方米（不同燃料和不同地区要求不同，下同）的新标准进行设计和建设，二氧化硫最高允许排放浓度为400～1200毫克/立方米，氮氧化物的浓度限值为450～1100毫克/立方米。2011年7月，原国家环境保护总局和国家质量监督检验检疫总局发布了《火电厂大气污染物排放标准》（GB13223－2011），共控制二氧化硫、氮氧化物、烟尘和汞及其化合物4种污染物，控制标准也与国际接轨，要求新建、改建和扩建的燃煤火电锅炉，二氧化硫排放执行100毫克/立方米的排放浓度限值，该限值比欧盟2001/80/EC指令中规定的新建锅炉排放限值、日本新建大型排放源排放限值，以及美国2005年规定的新源排放限值（约为184毫克/立方米）均严格；氮氧化物排放执行100毫克/立方米的限值，该限值比欧盟现行的《大型燃烧装置大气污染物排放限制指令》（2001/80/EC）中规定的新建大型燃烧装置排放限值（200毫克/立方米）和美国2005年规定的新源排放限值（约为135毫克/立方米）都严格；烟尘执行30毫克/立方米排放浓度限值，与欧盟2001/80/EC指令中规定的新建锅炉排放限值相同，接近美国2005年规定的新源排放限值（约为20毫克/立方米）；汞的排放限值为0.03毫克/立方米。另外，新标准要求重点区域内的燃煤锅炉，二氧化硫排放限值为50毫克/立方米，氮氧化物排放限值为100毫克/立方米，烟尘排放限值为20毫克/立方米。

除了火电厂燃煤排放标准外，其他燃煤锅炉的排放标准则包括在锅炉大气污染物排放标准中。我国最早在前述1973年颁布的《工业企业“三废”排放试行标准》（GBJ4－73）中，制定了工业锅炉的烟尘排放标准。1983 年，我国首次发布了《锅炉烟尘排放标准》（GB3841 – 83），对锅炉的烟气黑度和烟尘排放浓度制定了排放限值，国家环境保护主管部门先后于 1991 年、1999 年、2001 年和 2014 年对该标准进行了 4 次修订。2014 年最新的《锅炉大气污染物排放标准》规定，新建燃煤锅炉颗粒物、二氧化硫、氮氧化物、汞及其化合物排放浓度限值分别为 50 毫克/立方米、300 毫克/立方米、300 毫克/立方米、0.05 毫克/立方米，重点地区锅炉则执行 30 毫克/立方米、200 毫克/立方米、200 毫克/立方米、0.05 毫克/立方米的特别排放限值。

4. 引入经济激励政策，引导燃煤企业减排

除了行政控制手段外，我国在环境保护中也探索了一些有效的经济激励机制，与燃煤污染物排放控制相关的经济激励措施主要包括排污收费、脱硫脱硝电价补偿和排污权交易。

对于燃煤排放产生的二氧化硫、氮氧化物和烟尘，我国从 20 世纪 90 年代起陆续制定了相应的排污收费标准。1992 年 4 月，原国家物价局、财政部发布了《关于发布环保系统行政事业性收费项目及标准的通知》，提出了超标废气排污费征收标准，火力电站、工业和采暖锅炉的废气，目前暂按烟尘征收排污费，烟尘排放超过标准按每吨燃料 3 元收费。1992 年 9 月，原国家环境保护局、原国家物价局、财政部、原国务院经贸办发布了《关于开展征收工业燃煤二氧化硫排污费试点工作的通知》（环监〔1992〕361 号），确定贵州、广东 2 省及重庆、宜宾、南宁、桂林、柳州、宜昌、青岛、杭州、长沙9市作为开展征收工业燃煤二氧化硫排污费的试点地区，工业燃煤二氧化硫排污费可按照燃煤排放二氧化硫总量或按燃煤量和煤的含硫量计算，一般排放每公斤二氧化硫收费不超过0.20元。1998年4月，原国家环境保护总局发布了《关于在酸雨控制区和二氧化硫污染控制区开展征收二氧化硫排污费扩大试点的通知》（环发〔1998〕6号），对酸雨控制区和二氧化硫污染控制区内燃煤、燃油和产生工艺废气以及所有向环境排放二氧化硫的企业、事业单位和个体经营者征收二氧化硫排污费，收费标准一般为排放每公斤二氧化硫收取排污费0.2元。2003年2月，国家发展改革委、财政部、原国家环保总局、原国家经贸委联合发布了《排污费征收标准管理办法》，该办法规定，直接向环境排放污染物的单位和个体工商户必须按规定缴纳排污费，废气排污费每一污染当量征收标准为0.6元。其中，二氧化硫排污费，第一年每一污染当量（为该污染物排放量/该污染物的污染当量值，二氧化硫和氮氧化物污染当量值均为0.95）征收标准为0.2元，第二年（2004年7月1日起）每一污染当量征收标准为0.4元，第三年（2005年7月1日起）达到与其他大气污染物相同的征收标准，即每一污染当量征收标准为0.6元①。氮氧化物在2004年7

① 北京市二氧化硫排污费仍按经国务院同意，1999年原国家计委批准的收费标准执行，即高硫煤每公斤二氧化硫排污费1.20元，低硫煤每公斤二氧化硫排污费0.50元。2005年7月1日起，低硫煤二氧化硫排污费标准为每一污染当量0.6元。本办法实施前两年，杭州、郑州和吉林3个城市的二氧化硫排污费标准，按当地人民政府批准的总量排污收费标准执行，即杭州、吉林2个城市的二氧化硫排污费标准为每一污染当量0.6元，郑州市二氧化硫排污费标准为每一污染当量0.5元。2005年7月1日起，3个城市的二氧化硫排污费标准均按本办法规定执行。

月1日前不收费，2004年7月1日起按每一污染当量0.6元收费。对难以监测的烟尘，可按林格曼黑度征收排污费，每吨燃料的征收标准为：1级1元、2级3元、3级5元、4级10元、5级20元。2014年9月，国家发展改革委、财政部、环境保护部联合发布了《关于调整排污费征收标准等有关问题的通知》，2015年6月底前，各省（区、市）价格、财政和环保部门要将废气中的二氧化硫和氮氧化物排污费征收标准调整至不低于每污染当量1.2元。

为了提高煤电企业减排的积极性，我国对安装脱硫脱硝设施的企业进行了补贴。2004年6月，国家发展改革委出台了燃煤发电企业脱硫电价政策，规定燃煤机组安装脱硫设施并经验收合格后，其上网电量可取得每千瓦时1.5分的电价补偿。2007年5月，在总结前期试点的基础上，国家发展改革委和原国家环保总局联合下发《燃煤发电机组脱硫电价及脱硫设施运行管理办法》，对脱硫电价政策进行了完善，并要求对电厂脱硫设施运行情况加强监管。此后，又对部分地区煤炭含硫量大于2%或者低于0.5%省份的加价标准进行了调整。2011年11月，国家发展改革委对北京、天津、河北、山西等14个省、市试行脱硝电价补偿政策，即安装脱硝装置并经环保部门验收合格的燃煤发电机组，上网电价每千瓦时加价0.8分，用于弥补火电厂脱硝成本。随后，在总结14省、市试点情况的基础上，国家发展改革委于2012年底下发《关于扩大脱硝电价政策试点范围有关问题的通知》，决定自2013年1月1

日起，将脱硝电价试点范围扩大为全国所有燃煤发电机组，脱硝电价标准仍为每千瓦时0.8分。自2013年9月25日起，国家发展改革委将脱硝补贴电价由每千瓦时0.8分钱上调至1分钱，同时对烟尘排放浓度低于30毫克/立方米（重点地区20毫克/立方米）的燃煤发电企业实行0.2分钱/千瓦时的电价补偿。

我国在排污权交易方面也开展了一系列的探索试点工作。原国家环境保护局从1991年开始在16个城市进行了排放大气污染物许可证制度的试点工作，其中太原、包头等10多个城市尝试了排污交易。2002年5月，原国家环保总局发布了《关于二氧化硫排放总量控制及排污交易政策实施示范工作安排的通知》，选取山东、山西、江苏、河南、上海、天津和柳州7省、市，开展“二氧化硫排放总量控制及排污交易试点”项目。2007年以来，国务院有关部门组织天津、河北、内蒙古等11个省（区、市）开展了排污权有偿使用和交易试点，一些省份也自行选择部分市（县）开展试点，主要针对二氧化硫、化学需氧量等标的物。根据环保部提供的数据，到2013年底，11个试点省份排污权有偿使用和交易金额累计将近40亿。其中，有偿使用资金20亿左右，交易金额也将近20亿。2014年8月，国务院办公厅发布了《关于进一步推进排污权有偿使用和交易试点工作的指导意见》，提出到2015年底前试点地区全面完成现有排污单位排污权核定，到2017年底基本建立排污权有偿使用和交易制度，为全面推行排污权有偿使用和交易制度奠定基础。此外，2011年10月，国家发展改革委下发

《关于开展碳排放交易试点工作的通知》，同意北京、天津、上海、重庆、湖北、广东及深圳开展碳排放权交易试点。

5. 设立研究机构和推广体系，支持煤炭清洁利用技术研发和推广应用

我国从20世纪90年代开始支持煤炭清洁利用技术研发，在洁净煤技术开发方面进行了有力引导和支持。1994年，我国成立了“煤炭工业洁净煤工程技术研究中心”，专门从事洁净煤技术研究开发。1995年8月，我国成立了以原国家计委为组长单位，原国家科委和原国家经贸委为副组长单位，原煤炭部、原电力部、原内贸部、原机械部、原化工部、原建设部、原冶金部、中科院、原国家教委和原国家环保局等为成员单位的国家洁净煤技术推广规划领导小组。1997年6月，国务院批准了《中国洁净煤技术“九五”计划和2010年发展纲要》，提出了在煤炭洗选、整体煤气化联合循环发电技术、煤炭气化、煤炭液化等14个洁净煤技术领域的发展目标，除了国家科研拨款支持外，将以煤代油资金部分用于扶持洁净煤技术的发展，成熟技术的推广应用将按项目性质，列入各部门基建及技改计划。2001年6月，洁净煤技术被列为《煤炭工业“十五”规划》的四大战略之一。2006年2月，《国家中长期科学和技术发展规划纲要（2006～2020年）》将煤炭的清洁高效开发利用确定为能源重点领域的四大优先发展主题之一。2012年3月，科技部制定了《洁净煤技术科技发展“十二五”专项规划》。国家能源局也积极支持煤炭清洁利用技术研发，2010年7

月，授牌成立了国家能源煤炭清洁低碳发电技术研发（实验）中心，依托中国华能集团和华中科技大学联合建设，主要围绕大型煤气化发电技术、煤的清洁燃烧技术、煤基二氧化碳减排技术、煤制氢和燃料电池发电技术以及低热值煤经济利用等方向，开展相关技术研究、装备制造研究以及产业化推广等工作。2011 年 12 月，国家能源局制定了《国家能源科技“十二五”规划》，其中不少涉及煤炭清洁高效利用领域。

6. 开展国际合作，引进先进的煤炭清洁利用技术

为了促进洁净煤技术开发和利用，我国与多个国家开展了一系列双边和多边合作。我国参与洁净煤方面的双边合作包括：中日气候变化对话、中日在二氧化碳捕集和封存技术和提高煤制油技术合作项目、中澳洁净煤技术联合协调组织、中澳气候变化伙伴计划、中美气候变化合作计划、中欧气候变化伙伴计划、中英气候变化工作组、中英洁净煤技术转让计划（现称“碳减排技术计划”）、中德环境合作、中国－南非煤液化合作、中加气候变化工作组、中印气候变化合作等。多边合作包括：亚太清洁发展和气候伙伴计划、碳封存领导人论坛、甲烷市场化伙伴计划、亚太经济合作、未来发电动议、绿色煤电动议、全球变化研究亚太地区网络、东盟＋3、中国环境与发展国际合作委员会等。这些合作计划，大多是在政府推动下，国外企业在我国开展一些技术示范和转让。通过这些国际合作，我国引入了一些国外先进的洁净煤技术。

（二）存在的问题

综上所述，我国政府部门采取了发达市场经济国家在推动煤炭清洁高效利用方面的绝大部分做法和政策措施，也取得了不少成绩。但总的来说，在实施中以行政方式推动为主，相关配套措施不足，政策存在诸多不完善的地方，同时受到体制机制制约，导致效率不高、效果不佳。主要存在如下问题。

1. 主要从燃料角度积极推进煤炭清洁利用，对多领域联合、产业各环节协同发展统筹协调不够

煤炭清洁利用涉及多行业、多学科，产业链条长，是一项庞大的系统工程，需要各领域、各环节紧密合作。我国煤炭开采、运输至应用等各环节由不同部门管理，缺乏统筹协调机制，相关部门主要从燃料角度推进煤炭清洁利用，发展方式较为单一，对于开展煤、电、化工等生产联合，通过综合高效利用实现煤炭洁净化统筹协调较少。

2. 行政手段推动较多，市场机制作用发挥不够

在推动煤炭清洁利用中，我国注重通过行政命令手段直接推动，对市场优化配置资源的作用发挥不够。据中国电力企业联合会副秘书长王志轩介绍，我国在 1991 年就颁布了以满足环境质量为目的控制电厂二氧化硫排放总量的《火电厂大气污染物排放标准》，此标准经过 1996 年和 2003 年的修订，增加了浓度控制和区域总量控制以及装设自动监测系统等要求，而且如北京、广东等部分省、市也颁布了专门的火电厂大气污染物排放标准，火电厂二氧化硫控制问题完全能够在法规的框架下进行解决。但在实际执行中，起主导作用的还是各种行政命令文件，采用的主要是行政管理手段，如采取签订二氧化硫排放责任书、确定重点工程或者行政审批等方式，存在“一刀切”要求所有电厂都脱硫、片面追求高脱硫效率的情况，二氧化硫等污染物的排放标准和排放量分配指标不够科学合理。法规要求是对不同的环境功能区、不同时间段建设的机组、不同的排放方式采用不同的环保要求，而大部分文件规定则往往是抹平或者调整了这些差别，并存在将定量要求变成定性要求，明确要求变成模糊要求，把企业做的事当成政府做的事，把手段当成目的，将引导性变成强制性等问题，甚至简单成所有火电厂都要上脱硫装置的“一刀切”式的要求。另外，从宏观上看，与温室气体影响的全球性范围不同，二氧化硫对大气环境质量的影响是局部性的（10 多千米范围内）。因此，简单提出一个全国性的二氧化硫环境容量概念是不科学的，如果非要给出一个全国环境容量数值的话，也只应是在不同限定条件下（如排放源布局、特定的地形和气象条件）并考虑了地区间污染物的互相传输后不同地区环境容量的相加值，而不是先确定全国总量再分解到各地。

尽管我国已经引入了国际上同行的各种经济激励措施，但实施力度仍然不够，涉及的领域较小，难以调动企业治理污染物排放的积极性。如在排污收费方面，自 2003 年起实行废气排污费每一污染当量征收 0.6 元，直到 2014 年 9 月才调整至 1.2 元，收费力度较小，难以弥补污染物对环境造成的破坏，无法激励企业更新改造排污设施。排污权交易制度目前仍处于试点中，缺乏统一标准及长效机制，未形成面向全国的统一大市场，致使这一政策工具的作用有限。

3. 环保和煤炭利用标准不健全，对于中小型燃煤装置排放控制标准较低

一是标准制定存在让位经济发展、照顾大多数的问题。由前述可知，发达市场经济国家在设立污染物排放控制标准时，一般依据最佳可行技术实施动态控制，即主要从技术实现的角度来考虑，较少考虑经济发展。而我国在制定污染物控制标准时，存在考虑经济发展、照顾大多数的问题。国家发展改革委能源研究所专家李俊峰曾在一次讲演中提到，“我们在污染问题（上）照顾大多数，比如我国好的燃煤电厂烟尘的排放可达到每立方米30微克，二氧化硫排放可以控制到30PPM或者以下，但是国家控制标准是国际先进水平的3~4倍。”

二是部分领域标准滞后、缺失。如在原煤阶段对煤炭进行洗选，可以较低成本去除污染物，且可以将其加工成质量均匀、用途不同的分品种，目前发达国家需要洗选的原煤已100%入洗。但我国由于缺乏商品煤分级标准等，导致原煤洗选比例低，使得大量劣质煤炭长距离运输，增加了煤炭运输成本和能耗，同时燃烧效率低，污染排放严重。直到2014年9月，国家能源局才颁布了《商品煤质量管理暂行办法》，第一次对煤炭质量提出强制性要求，之前煤炭质量的国家标准和行业标准都是推荐性标准，难以起到提高用煤质量的作用。又如，在燃煤污染物排放标准方面，相比国外，我国对锅炉燃煤的大气污染物排放标准依然存在一定差距，国外的燃煤控制除了考虑颗粒物、二氧化硫和重金属之外，还考虑到了包括苯、金、铋在内的挥发性有机污染物的问题。

三是注重控制大型燃煤装置污染物排放，对中小型燃煤装置的污染物排放控制标准较低。我国在大型装置如火电厂制定了较为严格的污染物排放控制标准，最新的标准已经与国际接轨，部分标准甚至比国际标准的要求还严，推动了我国燃煤电厂环保建设的快速发展。但是，电力行业消耗我国煤炭消费总量的一半左右，还有近一半的煤由普通工业锅炉燃烧或散烧。与电站锅炉相比，工业锅炉数量多，分布分散，且低空排放，对大气环境影响大。根据工业和信息化部统计，2012 年（工业）燃煤锅炉排放烟尘 410 万吨、二氧化硫 570 万吨、氮氧化物 200 万吨，分别占全国烟尘排放量的 32%、二氧化硫排放量的 26% 和氮氧化物排放量的 15% 左右。但是我国对于工业锅炉的污染物排放控制标准比燃煤电站要低得多，如同样是控制二氧化硫，《火电厂大气污染物排放标准》（GB 13223－2011）要求新建、改建和扩建的燃煤火电锅炉执行 100 毫克/立方米的排放限值，而 2014 年最新的《锅炉大气污染物排放标准》对新建燃煤锅炉的排放限值是 300 毫克/立方米。

4. 环保监管存在地方保护主义，标准执行不到位

环保法规需与完善的管理和监督相结合，才能确保标准执行到位。当前我国环保执法采用统一管理与分级、分部门管理相结合的体制，地方环保部门在业务上接受上级环保部门的指导，而在人、财、物等方面则由地方政府提供，环境保护工作在很大程度上受到地方政府的制约。一些地区出于发展经济的需要，放松环境监管和污染治理，有法不依、执法不严的问题十分突出。突出表现是对企业日常排污监管不严、处罚不到位，导致企业排污的违法成本低、守法成本高，在经济利益的刺激下不顾法规随意排污，一些企业虽然安装了污染物处理设施，但存在侥幸心理，不正常运行脱硫、脱硝和除尘设施。尽管中央相关部门采取联网等多种方式加强对地方环保执行情况的监督，但限于部门人员精力，一般只能对大企业进行有限的监督，无法覆盖到大量的中小企业。

5. 技术发展过于依赖政府支持，推广应用缓慢

由于燃煤污染物排放控制不严、治理成本传导机制不畅等原因，我国企业缺乏应用先进煤炭清洁技术的积极性。据全国工商联环境商会调研，我国主要的煤炭清洁高效利用技术已经达到国际先进水平，但由于缺乏相关的管理制度和推动政策，导致煤炭清洁高效利用技术推广应用缓慢，煤炭利用水平仍然比较落后。政府推动开展的煤炭清洁利用技术研发和示范，由于缺乏市场需求的支撑，应用推广缓慢，反过来又难以促进技术更新改进。相比之下，发达国家具有健全的环保法规和标准，通过市场机制引导企业积极采用煤炭清洁利用技术，降低污染排放，实际污染物排放浓度甚至低于标准要求。由于煤炭清洁利用技术有广泛的市场需求，引领了社会力量投入技术研发，政府和企业共同推动了技术的进步。

6. 受投资体制缺陷和地方经济考核影响，部分煤炭清洁利用领域陷入重复建设

现在规划部门把煤化工划分成传统煤化工和现代煤化工，传统煤化工用煤做化肥和甲醇，现代煤化工把煤制成油、烯烃、天然气等，在国家鼓励发展现代煤化工的背景下，各个地方都争相上煤制油、煤制天然气、煤制烯烃项目。尽管有煤制油产业一哄而上导致无序发展最终只得叫停的前车之鉴，但目前煤制气再次陷入同样情形。2010 年，国家能源局局长张国宝在中国国际煤炭发展高层论坛上明确表示，煤制天然气在技术上是成熟的、可靠的，但是在世界上应用是很稀少的，真正在国际上投入产业化运营的只有美国一家，并且至今为止也只有这一家。技术上完全可以行得通，但在这个过程中会产生大量的二氧化碳，争上煤制天然气的项目单位也应该客观、冷静、实事求是地看待这个产业。对于拾遗补缺、适当地搞一些我是赞成的，但是遍地开花，各个地方都搞煤制天然气是不妥的。根据中石油规划总院副院长韩景宽提供的资料，我国第一个煤制天然气工业化项目于 2013 年 8 月建成，同年 12 月投入商业化运营，行业尚处于示范阶段。但截至 2013 年底，除国家已核准的 4 个煤制天然气项目外，另有 7 个项目取得了国家发展改革委的“路条”文件，合计产能 771 亿立方米/年；此外还有几十个项目上报国家发展改革委申请开展前期工作，总规模超过2000亿立方米/年。在技术经济性、环保尚难满足要求的背景下，各地涌现出如此多的煤制气项目，充分暴露了我国的国有投资体制缺陷和地方发展经济的冲动，并非真正意义上的发展煤炭清洁利用，只是一种项目驱动而已。

四、促进我国煤炭清洁高效利用的建议

为推动我国煤炭清洁高效利用快速发展，建议如下。

1. 加大煤炭清洁利用的统筹协调力度，综合推进煤炭清洁高效利用

一是从煤炭生产、加工、运输至使用全产业链的角度进行管理和规划，全过程多措并举，共同推进煤炭清洁高效利用。

二是统筹协调科研和生产应用环节，加大煤炭清洁高效利用技术开发投入和先进适用技术推广应用力度。

三是大型燃煤锅炉排放控制和中小燃煤锅炉、散烧煤排放治理并重。在积极推动大型燃煤电厂采用洁净煤技术、控制污染物排放的同时，加快中小燃煤锅炉技术改造，推动散烧煤集中净化处理后再利用。

四是综合考虑煤炭用途，促进煤炭由燃料向燃料与原料并重转变。充分利用煤炭发热及化工合成的特性，突出原料功能，协调能源生产和化工生产等相关部门，在生产满足市场需求的电、热的同时，生产天然气、化工品等清洁能源及工业原料。

2. 明确污染物排放的中长期控制目标，引导市场预期

煤炭清洁利用是一项长期的系统工程，技术研发和项目投入大、涉及面宽、周期较长，当期的决策和行动会影响未来较长时间。宜早下决心，主要根据环境承受能力对煤炭清洁利用做出长期规划，明确污染物排放的中长期控制目标。

通过规划目标引导市场各方面预期，避免因技术和投资锁定而丧失环境治理的有利时机，也避免企业因政策不太明朗误判形势而导致投资浪费。政府在环境污染达到极端严重的情形下必然被迫出台激进的措施加以治理，此时一些企业可能会因为达不到环保要求被迫停产歇业。

而通过早期的规划和目标引导，给予企业明确的市场预期，让企业在决策时留出未来发展空间，同时可引导市场力量围绕目标开展技术研发，有效促进煤炭清洁利用技术进步。

3. 完善煤炭清洁利用标准，主要依据最佳可行技术动态调整

一是完善煤炭清洁利用标准。我国煤炭消费比发达国家多，只有采用更加严格的环保标准，才能保证环境逐渐恢复。因此，应切实提高环境标准，加大超标排污的处罚力度。

二是将中小型燃煤装置排放纳入统一的标准管理当中。参照燃煤电站污染物排放控制标准，提高工业锅炉的污染物排放控制标准，使两者相统一。

三是按最佳可行技术动态调整环保标准。在污染物排放标准制定过程中，应以环境要求为目标，按最佳可行技术制定更加严格的标准，并根据技术进步动态调整，从而促进清洁生产和技术创新。

4. 改革环保执法体制，提高煤炭清洁利用标准执行力度

为确保环保法规和标准执行到位，完善的管理与监督机制十分必要。

一是加强环境保护的垂直监督，建立独立统一的环境监管执法。修改现行环保方面的法律法规，加强环保的垂直管理，将环保系统的人事任命、经费归于本系统内部，排除来自地方政府的环保执法干预。通过严格执法，形成优胜劣汰的市场竞争机制。

二是强化中央环境保护部门对相关部门和区域的统筹协调能力。在转变政府职能、减少行政审批过程中，环境保护不仅不能放权，反而必须要加强。应增强环保部门对电力监管等部门在环境监管方面的协调，加强环境执法力度。此外，燃煤电厂的大气污染物具有区域性特征，某地区排放的污染物可通过复杂的大气化学反应生成其他污染物，然后再通过长距离输送对周边地区环境造成污染。因此，加强地区间污染物排放削减的合作与协调，才能经济有效地治理污染物排放造成的环境污染问题。

5. 以产业联盟方式组织技术研发和引进，加快洁净煤技术商业化

一是在技术研发上，形成产学研一体的技术创新联盟。通过政策鼓励多元主体投入、多种形式的联合、打破行业界限的合作（如煤、电、化工生产的联合），引导国内大企业和研究机构合作形成煤炭清洁利用的技术创新联盟，通过合理的联盟运行机制，有效整合研发投入，选择若干关键共性技术集中攻关。既有利于集中力量攻克技术难关，又有利于技术推广应用。

二是通过产业联盟的方式，统一引进国外先进技术。目前我国环境压力大，全部依靠自己研发难以满足经济社会发展需求，也不符合资源优化配置的要求，需要引进一些国外先进成熟的煤炭清洁利用技术。但根据国际能源署2009年发布的《中国洁净煤战略》一书披露，我国企业重复引进了国外技术，例如，我国从国外引进了20多种煤气化技术。因此，相关企业通过产业联盟的方式，共同引进国外技术，在引进国外技术的基础上，根据我国的国情进行改进，可以有效降低技术成本。

6. 加快推进市场减排机制的实施力度，提高减排效率

提高燃煤污染物排放的收费标准，加大排污收费力度，推动企业尽最大可能减少污染物排放，并结合新一轮电力体制改革，将燃煤污染物治理成本通过价格传导机制分摊入电价。排污交易政策是利用市场机制来控制污染、改善大气环境的一种有效手段，可以最小的治理成本实现污染物的总量控制目标。应继续完善并在全国范围内推广二氧化硫、二氧化碳等领域的排放权交易制度，将其充分引入到总量控制体系中，鼓励企业依法自主选择多种治理措施，在满足环境质量要求的前提下，允许在行业内部、区域或全国范围内进行总量平衡，以最经济的方式实现减排。

执笔人：戴建军

参考文献

[1] 吕薇，石光．环境保护要约束与激励并举．国务院发展研究中心调查研究报告择要，2013 年第 127 号

[2] 经济合作与发展组织，国际能源署．中国洁净煤战略．中国煤炭信息研究院译．北京：煤炭工业出版社，2009

[3] 环保部环境规划院．区域煤炭消费总量控制技术方法与政策体系研究报告．2013

[4] 盘古智库，北京国能中电能源有限公司．中国经济可持续发展的能源战略方向——煤炭清洁利用．2014

[5] 林伯强．从调整能源结构入手治理雾霾．中国电力新闻网，2014－03－10

[6] 赵爱国．日本煤炭清洁利用及对我国的启示．中国煤炭，2007，33（10）

[7]《火电厂大气污染物排放标准》编制组．《火电厂大气污染物排放标准》编制说明（二次征求意见稿）．2011

[8] 薛志钢，柴发合，段宁等．二氧化硫总量控制和排污交易试点．中国能源，2003（4）

[9] 盛青，武雪芳，李晓倩等．中美欧燃煤电厂大气污染物排放标准的比较．环境工程技术，2011，1（6）

第六章

我国热电联产的发展现状、主要问题和建议

热电联产（Combined heat and power，CHP）是将煤炭、天然气等一次能源转化为热能和电能的联合生产方式。热电联产通过能源的梯级利用，大幅提高了能源转换效率。发展热电联产对推动建设资源节约型、环境友好型社会具有深远的意义。热电联产与热电分产相比热效率高 30%，集中供热比分散小锅炉供热效率高 50%[①]。近年来我国热电行业快速发展，2012 年装机容量已超过 2.2 亿千瓦，占同口径火电装机容量的近 30%。但热电联产行业仍面临很多体制障碍和政策不配套问题。本章首先分析了热电联产的重要意义和发展现状，并对比了发达国家发展热电联产的经验，然后归纳了当前我国热电联产发展中面临的主要问题，最后提出

---

① 国家发展改革委：《关于印发“十一五”十大重点节能工程实施意见的通知》，发改环资〔2006〕1457 号。

促进热电联产健康发展的若干政策建议。

一、发展热电联产具有重要意义

1. 发展热电联产是促进环境保护的有效措施

热电联产是治理环境污染的重要措施。通过热电联产替代分散供热锅炉，能有效减少污染物排放，促进环境保护。据统计，目前我国有约50万台工业小锅炉，每年约消耗燃料4亿~5亿吨，锅炉平均运行效率仅有60%~65%，比发达国家平均水平要低10%~20%，平均每年多耗煤6000万吨。由于燃煤工业锅炉单台容量小，平均仅为3.4吨/小时，烟囱高度低，一般在40米以下，所以锅炉的除尘效益差，大量的分散供热小锅炉给城市带来了严重的环境污染问题。据测算，我国供热小锅炉每年向大气排放二氧化硫640万吨，烟尘800万吨，向地面排放灰渣8700万吨，产生的污染占燃煤污染总量的1/3。

热电联产的锅炉容量大，烟囱一般在80米以上，大多安装了除尘设备，较大的热电联产企业还有静电除尘和脱硫脱销装置，环保效果好。在同样的发电量和供热量条件下，热电联产煤耗更低，污染物排放总量更低。按当前热电联产装机规模初步估算，热电联产相对于热电分产，每年可减少二氧化硫排放120万吨，减少灰渣排放1470万吨。因此，通过发展热电联产替代小锅炉供热，对于环境保护具有重要意义。

2. 热电联产对提高能源利用效率作用突出

我国是电力生产和消费大国，但是对能源的利用效率远低于世界先进水平。随着我国工业化和城市化进程速度的不断加快，能源供求压力不断增加。热电联产被公认为是最好的集中供热热源，能源利用效率高。由于热电联产使用的都是大型锅炉，而且以亚临界锅炉、高压锅炉、循环流化床锅炉居多，运行时锅炉效率可以稳定在88%～91%，供热的标准煤耗在40千克/吉焦左右。而全国集中供热锅炉房的锅炉年平均效率在65%左右，其年均供热煤耗在54千克/吉焦左右，都远远逊色于热电联产。

热电联产的供电煤耗也显著低于普通发电机组。一般在热负荷较稳定的情况下，一台5万千瓦的热电机组抽汽供热时煤耗可以低于300克/千瓦时。2012年，全国6000千瓦及以上发电机组的平均供电煤耗为326克/千瓦时，30万千瓦亚临界机组的供电煤耗理论值在330克/千瓦时左右，都远高于热电联产的煤耗水平。

3. 热电联产是推进绿色制造的重要保障

随着工业化的持续推进，我国工业用热快速增长，但是集中供热程度总体较低，主要仍以低效分散小锅炉供热，大部分为污染严重的燃煤燃油锅炉。分散供热小锅炉不仅要单独建设锅炉房，而且每个锅炉房还需要配备相应的储煤场和灰场，占用了大量土地资源。随着工业园区和产业集聚区不断发展，大量新增用热企业将逐步进驻园区，这为以供热为主的热电联产创造了条件。加快发展集中供热、关停淘汰分散供热锅炉，对于推进绿色制造有重要意义。

热电联产机组一般都建在热负荷中心，与热用户距离近，热损耗低，热电厂的上网电量也可以就近消化，能降低电网的线损率，补充区域供电缺口。热电联产与热用户的具体需求紧密结合，系统规模小，灵活性大，便于调节。此外，新建的热电联产机组多使用天然气或燃料油等清洁燃料，对环境的负面影响将显著下降。热电厂大多位于城市周边或工业园区，促进了土地集约化利用。

4. 热电联产为新型城镇化提供了能源支撑

热电行业是关系国计民生的重要基础行业和公用事业，电力、热力的安全、稳定和充足供应，是国民经济全面、协调、可持续发展的重要保障。随着城镇化的持续推进，2013 年我国城镇常住人口已超过 7.3 亿人，城镇化比重达到 53.7%。与发达国家平均 80% 的城镇化率相比，我们仍有很大差距，未来每年新增城镇人口将超过 1000 万人。目前全国共有 657 个设市城市，建制镇增至 19683 个，全国有 30 个城市的常住人口超过 800 万。城市人口的快速增加意味着水、电、气、热等能源的需求大量增加。

根据住房城乡建设部统计，2013 年底我国城市集中供热面积达 57 亿平方米，以城镇常住人口计算，人均集中供热面积仅有 8 平方米，远远低于人均住宅面积水平。根据估算，我国仅北方地区存在潜在采暖需求的建筑总量就达到 400 亿平方米，远高于目前我国的集中供热能力，未来发展集中供热仍有广阔空间。随着城市棚户区和老城区改造的推进，集中供热的需求将更加可观。此外，随着人民生活水平的提高，原来不采暖的南方地区也产生了供暖需求，尤其是冬季温度较低的长江流域，这为热电联产提供了更广阔的发展空间。

二、我国热电联产发展的现状和特点

1. 热电联产装机容量快速增长

近年来我国热电联产迅速发展，目前装机总量已居世界首位。据中电联统计，2008 年底全国供热机组总容量约 1.1 亿千瓦，占同容量火电装机容量约 19%，占全国发电机组总容量的 14% 左右。到 2012 年底，我国 6000 千瓦及以上热电联产装机已超过 2.2 亿千瓦，占同口径火电装机容量的 27.49%，占全国发电机组总容量的 19.25%。2006 年以来，热电联产装机容量增速有 4 年超过 20%，在经济危机期间增速略低，也在 15% 左右。

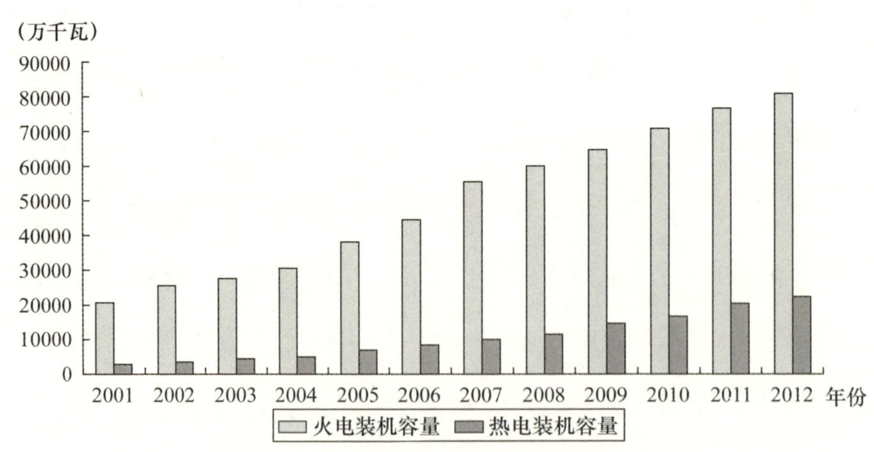

图 6.1 我国火电和热电联产装机容量对比

资料来源：中国电力企业联合会，《电力工业统计资料提要》。

表 6.1　　我国热电联产装机与年供热量变化趋势

年份	装机容量（亿千瓦）	比上年增长（%）	年供热量（万吉焦）	比上年增长（%）
2006	0.83	19.05	227565	18.19
2007	1.01	21.42	259651	14.10
2008	1.16	14.79	249702	-3.83
2009	1.45	24.87	258198	3.40
2010	1.67	15.15	280760	8.74
2011	2.04	22.41	297859	6.09
2012	2.21	8.33	307755	3.32
2013	2.52	14.07	324128	5.32

资料来源：中国电力企业联合会，《电力工业统计资料提要》。

目前，热电联产机组承担了我国城市热水采暖供热量的 30%，城市工业用汽的 83%。2013 年，我国城市集中供热总面积中有1/3是由热电厂供热。中小热电机组是我国中小城市和经济开发区与工业园区的主要集中供热设施，承担着广泛的社会责任和义务。

目前我国在运的热电厂中，规模最大的是哈尔滨第三热电厂，装机容量达到 160 万千瓦。北京、沈阳、吉林、长春、郑州、天津、邯郸、衡水、秦皇岛和太原等北方大型城市已有一批 20 万千瓦、30 万千瓦和 60 万千瓦大型抽汽冷凝两用机组。热电厂正在逐步从城市向各类工业园区扩张，例如，在苏州、杭州等经济发达地区，城市周边和开发区建起了 10 多个热电厂，成为当地重要的区域性热能供应系统。

2. 热电联产装机主要分布在北方和经济发达省、市

热电联产在区域之间的分布差异较大。热电联产的需求主要来自居民和工业用热两部分。由于居民用热需求主要集中在北方地区，因此热电联产机组主要分布在北方省份。此外，发达省、市对工业用热有较大需求，因此热电联产机组在东南沿海地区也比较多。表 6.2 汇总了 2011 年全国各省市 6000 千瓦以上热电联产机组的供热情况，山东、江苏、河北、内蒙古、山西、河南等北方工业发达省、区的供热需求最大。江西、广西、海南、贵州、云南等南方省份，以及青海、西藏、宁夏等西部欠发达地区的热电联产机组较少。

表 6.2　　全国 6000 千瓦及以上热电企业供热量和煤耗

地　区	供热容量（万千瓦）	供热量（万吉焦）	煤耗（千克/吉焦）
全国总计	20387	297859	39.8
北　京	417	7931	38.2
天　津	634	7351	39.7
河　北	2033	20230	36.1
山　西	1364	4370	41.7
内蒙古	2153	17463	39.6
辽　宁	1518	26699	40.5
吉　林	1230	16206	39.6
黑龙江	990	17642	38.5
上　海	418	6074	37.8
江　苏	2028	53502	40.5
浙　江	560	35793	38.5
安　徽	290	47558	42.7
福　建	337	428	39.1
山　东	3020	45575	39.6
河　南	1027	8127	43.6
湖　北	263	751	43.5
湖　南	192	4755	55.2

续表

地　区	供热容量（万千瓦）	供热量（万吉焦）	煤耗（千克/吉焦）
广　东	328	4607	38.5
四　川	16	678	84.6
陕　西	247	2088	42.9
甘　肃	487	4926	35.7
新　疆	604	7908	38.8

数据来源：中国电力企业联合会。

从装机容量来看，我国热电联产发展的区域不平衡现象很突出。表6.3对比了2011年各主要省、市、区热电和火电装机情况，以热电装机容量占火电装机容量的比重来看，最高的是北京，超过了80%，其次是吉林，为77.5%，这些省、市的热电装机比例已超过世界上热电发展最好的丹麦；再次是天津、黑龙江、辽宁、河北等省，在50%以上。

表6.3　　全国6000千瓦及以上电厂火电与热电装机情况表

顺序	省、市、区名称	火电装机容量（万千瓦）	热电装机容量（万千瓦）	热电占火电百分比（%）
1	江　苏	6459	2028	31.40
2	山　东	6430	3020	46.97
3	内蒙古	5946	2153	36.21
4	广　东	5627	328	5.83
5	河　南	4912	1027	20.91
6	山　西	4633	1364	29.44
7	浙　江	4294	560	13.04
8	河　北	3802	2033	53.47
9	安　徽	2954	290	9.82
10	辽　宁	2845	1518	53.36
11	福　建	2504	337	13.46

续表

顺序	省、市、区名称	火电装机容量（万千瓦）	热电装机容量（万千瓦）	热电占火电百分比（%）
12	陕 西	2211	247	11.17
13	贵 州	2030		
14	上 海	1941	418	21.54
15	黑龙江	1731	990	57.19
16	北 京	513	417	81.29
17	吉 林	1587	1230	77.50
18	新 疆	1623	604	47.80
19	天 津	1083	634	58.54
20	甘 肃	1524	487	31.96

数据来源：中国电力企业联合会。

从集中供热面积来看，2013 年全国城市集中供热面积总量达 57 亿平方米，其中最高的辽宁省为 9.2 亿平方米；其次是山东省，有 7.57 亿平方米；北京作为特大型城市，其集中供热面积为 5.46 亿平方米，位居全国各省、市第三位；此外，黑龙江、河北、吉林、山西等北方省份的集中供热面积也位居全国前列。

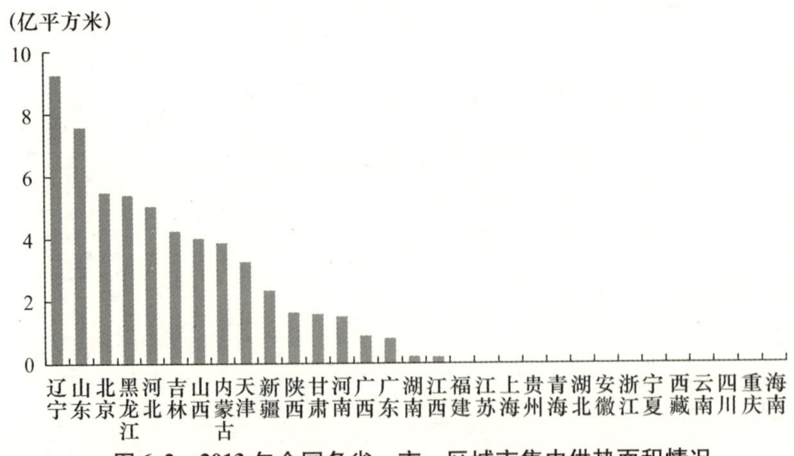

图 6.2　2013 年全国各省、市、区城市集中供热面积情况

数据来源：《中国统计年鉴》。

3. 供热机组容量增长率大于供热量增长率

以热定电是热电联产规划运营的重要原则。只有以供热为主，热电联产才能充分发挥节能效益。但实际上，由于我国对火电机组实行较为严格的审批制度，一些热电联产项目并未充分遵循以热定电原则。根据中国电力企业联合会统计，近10年来我国热电联产机组装机容量增长率快于供热量的增长率。这表明一些热电联产机组实际上以供电为主、供热为辅，名义上是热电联产，实际上主要是发电机组。

表6.4对比了热电装机容量和供热量的增长率，2006～2011年，我国热电联产装机容量平均增速为19.6%，而供热量年均增速仅有7.8%。这说明新装的热电联产机组，供热能力未充分发挥，有些供热机组供热量很少，甚至未供热。一些小型热电厂在“上大压下”政策下被关停，迫使原有的热用户再次启动了小锅炉，退回到分散供热模式。有的地区供热量需求增长很快，但用电并不紧张，这导致热电矛盾。我国不宜一味强调建设大容量机组，而应根据各地实际需求坚持以热定电。

表6.4　　我国热电装机容量和供热量增长率

	2006年	2007年	2008年	2009年	2010年	2011年
热电装机容量增长率（%）	19.05	21.42	14.79	24.87	15.15	22.41
年供热量增长率（%）	18.19	14.10	-3.83	3.40	8.74	6.09

数据来源：中国电力企业联合会。

4. 小型供热机组的节能效益优于大型机组

近年来，在火电机组“上大压小”的政策下，我国火电单台机组装机容量越来越高，大型机组有很多优势。但是，从热电机组的角度看，并非装机容量越大越好，单机 30 万千瓦的大型机组在单位千瓦的供热量和节能量上远不如中小机组。根据中国电机工程学会热电专业委员会的测算，2011 年全国热电联产机组的平均单位供热量为 17.04 万吉焦/万千瓦。五大发电集团中华电集团的供热机组最多，但华电最好的热电厂年平均供电标煤耗为 298.24 克/千瓦时，年供热量 420 万吉焦（2×30 万千瓦装机），单位供热量为 7 万吉焦/万千瓦；华电热电厂的平均供电标煤耗 315 克/千瓦时，单位供热量为 3 万～6 万吉焦/万千瓦。其他四大发电集团 30 万千瓦等级的大型热电机组，其单位千瓦的供热量很多未达全国平均水平，具体如表 6.5 所示。

表 6.5　大型和小型热电联产机组能耗效果对比

机组类型	数据来源单位	单位千瓦供热量（万吉焦/万千瓦）	供电标煤耗（克/千瓦时）
单机 30 万千瓦大机组	中国电力企业联合会	17.04	
	华电集团公司	22.96	298.24～315
	大唐国际	6.29	306～338
	华能集团公司	2.57	330～340
	国电集团公司	1.46	321～338
	苏州发电供热行业协会	6.86	290
中小热电机组	苏州发电供热行业协会	60.38	295.7
	杭联热电	116.14	262.37
	浙江富阳三星	207.8	290
	浙江绍兴 27 个热电厂	90.46	281
	绍兴嵊州热电厂	94	150

数据来源：中国电机工程学会热电专业委员会。

与大型机组相比，中小机组的单位千瓦供热量和供电煤耗更低。小型热电机组适应热负荷能力强，可根据不断增长的热负荷逐步扩建，单位千瓦造价低，单价千瓦的供热量与节能量远大于30万千瓦大型机组。例如，绍兴的27个小型热电厂总装机容量96.45万千瓦，2010年总供热量8725万吉焦，其单位供热量为90.46万吉焦/万千瓦，年节约标煤0.5047万吨/万千瓦，供电标煤耗281克/千瓦时，优于300兆瓦的大机组。浙江嵊州热电厂装机容量为3.6万千瓦，供电标煤耗仅有150克/千瓦时，2011年供热量为338.4万吉焦，其单位供热量为94万吉焦/万千瓦。

5. 已涌现出一批热电联产的典型示范项目

随着我国城市化和工业化的推进，一些城市新区和工业园区在建设之初，就对区内的能源系统进行了统筹规划，充分发挥了热电联产的经济和社会效益。

广州大学城分布式能源项目是国内最大的热电冷联产项目。它位于广州大学城二期，占地面积11万平方米，是广州大学城配套建设项目，为广州大学城一期18平方千米区域内的10所大学提供冷、热和电能。它由华电集团投资建设，规划建设4台78兆瓦燃气－蒸汽联合循环机组，以溴化锂蒸汽制冷，利用烟气余热制备生活热水，设计能源梯级利用效率为80%。该项目可替代同等容量的小火电机组，每年可减少温室气体二氧化碳的排放24万吨，减少二氧化硫排放6000吨。广东省对广州大学城分布式能源项目提供了有力的政策支持，剩余电量不仅可以上网，而且上网电价考虑了环保效益和社会效益，给予一定的补贴。项目享受减免税政策，用地由政府划拨，有关冷、热管网由市政投资等一系列优惠政策。

三、国际经验

丹麦是全球热电联产发展成效最好的国家之一，能源综合利用效率很高。丹麦热电联产的发电量超过总发电量的50%，供热量占区域供热的63%。过去20余年间，丹麦国民生产总值增长了近一半，而能源消耗实现零增长。美国、德国、日本等发达国家也制定了促进热电联产发展的一系列政策，热电联产发展较快，值得我国借鉴。

1. 将热电联产纳入国家能源战略

欧盟委员会发布的《能源效率行动计划》提出到2010年减少一次能源消耗20%的节能目标，并减少温室气体排放20%；欧盟进一步对热电联产的节能潜力进行了评估，发现仅热电联产一项技术可完成1/3的节能目标，每年可减少二氧化碳排放1亿吨。美国在2000年公布的《国家能源战略》中明确指出，热电联产技术的效率可以达到80%甚至更高，热电联产是一种清洁、高度可靠的分散式能源技术，可减少输配电损耗，减少建设输配电线路高昂开支。

发达国家对发展热电联产普遍制定了明确的目标。例如，20世纪末，美国、英国相继宣布到2010年，将热电联产能翻番，分别增加4600万千瓦和1000万千瓦。伦敦市明确在2012年奥运会相关基础设施建设中，主要依靠发展规模较小的热电冷联产来满足新增电力及热力、制冷需求。

2. 完善支持热电联产发展的法律法规

发达国家普遍将热电联产作为能源相关法律法规的重要内容。日本将热电联产作为城市建设必不可少的基础设施，并制定了《供热法》《城市规划法》《防止公害法》等相关法令，明确规定在新建和改造3万平方米的建筑物时，一定要纳入到城市集中供热系统。欧盟制订了一系列与热电联产相关的法律法规，从污染排放控制、电网准入、电价及税收等方面对热电联产进行规范，包括《热电联产指令》《污染排放交易指令》《新电力和燃气指令》《建筑能源利用性能指令》《能源产品税收指令》等。

3. 实施强制区域集中供热制度

丹麦制定了集中供热的法规，城市的供热规划由中央政府批准，强制实行区域集中供热。1990～1995年间，丹麦批准建设的150万～200万千瓦的新建电厂中，全部为热电联产。目前丹麦的火力发电厂全部对外供热，将热电分产改造为热电联产，能源效率大大提高。美国《能源法》规定，电力公司必须收购热电厂的电力产品，其电价和收购电量以长期合同的形式固定，同时又允许热电厂将其电力直销用户，电力公司只收相应的输电费用。

4. 对热电联产制定优惠的财税金融政策

发达国家普遍在金融、税收、环保、价格等方面制定了优惠政策，建立合理的热电联产的电力定价规划，与燃料成本挂钩，确保热电联合生产与分产相比具有经济优势。美国给予热电项目减免10%的投资税，缩短热电资产的折旧年限等支持政策。欧盟要求成员国在满足能源需求的基础上支持热电联产，尽可能为高效率小型热电联产机组并网提供便利，鼓励设计符合热经济性需求的热电机组，并减少监督和非监督方面对热电发展的障碍。日本鼓励银行、财团对热电冷三联供系统提供融资支持，对城市三联供单位实行减税或免税的优惠，对供热设施，投产年的折旧按30%计算，并减免税7%。政府对热电项目给予年利率3%的低息贷款或补贴，而一般工业贷款利率在6%左右。日本还免除了供热设施占地的特别土地保有税和供热行业有关的事业所得税。

对于现有发电机组，很多国家制定政策鼓励将发电机组进行热电技术改造。德国2002年通过了《热电联产法》，鼓励老的热电机组的现代化和新建热电机组，并发展生物能源等资源。丹麦对热电工程提供低利率的优惠贷款。丹麦对热电工程提供利率为2%的优惠贷款，偿还期为20年，对使用天然气的热电厂，政府给予30%的无息贷款。目前丹麦国内所有的火电厂都供热，所有的工业锅炉都发电，完全实现了能源的梯级利用。

四、我国热电联产面临的主要问题

1.“上大压小”政策与发展热电联产混淆

一些地方政府对热电联产的重要意义认识不足，简单地将装机容量大小作为界定热电联产机组的标准，将装机容量小的热电联产错误的等同于小火电，阻碍了热电联产的发展。随着“上大压小”的推进，各地对发电机组关停的容量标准逐步提高，一些地方也提高了对热电联产机组的要求，把单机20万千瓦以下的热电联产机组也统统列入小火电，作为关停对象，对热电联产的发展造成了很大的负面影响。

另一个常见误区是单纯地比较大型火电机组与热电联产机组的供电煤耗，有的热电机组的供电煤耗会比大火电高，但是以供热为主的热电厂供热量很大、供电量很小，如果供热节煤量远远大于供电的多耗煤量，那么热电联产在总体上仍是节能的。实际上，相对于热电分产，热电联产具有巨大的节能效果，克服了小锅炉供热效率低、能耗高、污染大的缺陷。与常见的凝汽发电机组相比，热电联产避免了巨大的冷端损失。

2. 行政审批仍不尽合理

2004年投融资体制改革后，包括热电联产在内的所有燃煤发电项目的核准权上收中央政府，而供热锅炉的审批权仍属于地方政府，审批相对容易。一些地方存在急迫的用热需求，但建设热电联产迟迟难以获批，不得不改用供热锅炉。地方需要供热的时候，热电厂可能由于电力供应和统一调配等原因无法供热，所以地方政府也会保留一些锅炉以保障供热。

2013年以来，随着简政放权的推进，背压和抽凝等热电项目核准和环评等相继由中央政府下放至省市级政府，这对热电联产的发展起到了积极作用。但是，除了投资核准外，建设项目行政审批还涉及规划、国土、建设、安监、消防等10余个部门，部门之间改革措施的协同性不足，一些部门的审批权限没有根据实际情况同步调整，“最后一公里”政策难以落地，企业的投资自主权难以充分落实。

目前热电联产的核准仍主要以装机容量大小为依据，装机容量大的机组获批相对容易。实际上，以供热为主的机组，其供热管网覆盖有限，如果热力输送距离太远，不仅基建投资大，更会带来巨大的输热损失，所以供热机组的装机容量一般不大。这导致一些小型热电机组虽然节能效果好，但进入门槛反而更高。此外，传统的发电企业如果进行热电联产改造，需再次审批上网电价，可能无法继续享受原有的电价优惠，这不利于鼓励企业进行技术改造。

3. 管网建设滞后于电源建设

管网是热电联产的重要配套设施。一般供蒸汽的热网半径在10千米以内，供热水的热网不宜大于25千米。由于管网铺设初始投入高，拆迁困难，目前大型热电厂一般由各大发电集团负责建设，以发挥技术和管理优势，而厂外热网一般由地方政府和热力公司筹建。各地普遍存在管网建设滞后于电源建设的问题，往往热电厂投产数年后热网才逐步建成，形成热电厂有热供不出去的被动局面。很多新建的30万千瓦大型电厂热负荷较低，达不到设计供热量，供热供电标煤耗偏高。一些地方为解决当地缺电的困境，而将热电厂容量放大，导致热电机组实际上以供电为主。

4. 以热定电原则未充分落实

以热定电是热电联产机组建设的重要原则。但实际上我国供热机组装机容量的增长速度明显快于供热量增速，有些供热机组供热量很少。例如，2007 年热电联产装机容量同比增长 21.4%，但供热量只增长 14.1%。虽然近年来热电联产在城市集中供热的总供热量在逐年增加，但其比重却在不断下降，2000 年时有 63% 左右，2011 年已降至 33%。这意味着一些新建大型热电机组名义上虽然是热电联产，但实际上是以普通纯火电机组的方式运行。此外，有些小热电厂在“上大压小”的过程中被关停，迫使原有的热用户又启动了小锅炉，退回到分散供热的低效模式。

5. 缺乏配套扶持政策

虽然我国一直鼓励热电联产发展，但始终缺乏系统性的配套支持政策。热电联产缺乏统筹规划，发展不均衡的问题突出，北方采暖城市中集中供热普及率不到 30%，其中热电联产仅占 20%。北方采暖城市、南方工业园区及一些工业企业，效率低污染重的小锅炉仍大量存在，热电联产替代率很低。

目前热电联产相关扶持政策中，最直接的是要求电网优先调度“以热定电”运行的热电厂电力，但这也只限于采暖期，在非采暖期则按一般火电厂凝汽运行机组对待。对于广大北方地区的热电机组而言，一年中非采暖期长达 6 ~ 8 个月，在此期间无法享受优先调度的政策扶持。

热力和电力价格形成机制改革滞后。目前热力价格基本由市场决定，但对于居民用热价格偏低，而且收费难度大，经济效益较差，对政府补贴的依赖高。电价仍未放开，政府行政干预力度大，当煤炭等一次能源价格过高时，热电企业成本压力难以向下游传导，例如，2008 年部分热电厂的电煤到厂价均超过 1100 元/吨，导致绝大部分企业出现亏损。

五、政策建议

1. 完善立法，进一步明确热电联产的法律地位

建议修订《中华人民共和国电力法》，增加有关热电联产建设和运行管理的内容，进一步明确热电联产的法律地位和重要作用。明确热电联产和常规火电概念的区别，使火电厂发电机组“上大压小”政策与热电联产不再混淆，让热电联产的发展更加有法可依，有章可循。尽快完善与热电联产相关的行业标准和技术规范，降低热电联产行业准入门槛。深化电力体制改革，对热电联产机组开展大用户直供给予试点和规范。

2. 进一步完善热电联产行政审批制度

不宜在全国范围内进行一刀切式的“上大压小”，应根据单位能耗、环保排放等指标对热电联产机组进行科学界定。尽快完善与热电联产相关的行业标准和技术规范，降低热电联产机组的市场准入门槛。各地在热电联产规划中，应区分不同区域、不同用途，计算全系统能源利用效率。工业用热为主的地区热负荷比较稳定，宜推广建设背压机组；居民供暖为主的地区热负荷变化较大，要根据实际情况合理确定热电机组容量，避免热负荷不足。

3. 完善热电联产发展的财税金融政策

应充分考虑热电联产节能环保的经济社会效益，对热电联产采取税收优惠以及贷款贴息等支持政策。热力管网建设需要巨额投入和持续的维护费用，地方政府应加大投入力度。加大对寒冷贫困地区居民采暖热网建设的财政补贴。对企业开展节能技术改造给予专项资金支持。根据本地经济发展和居民收入水平，逐步放松热电产品的价格管制，强化市场化定价。定期向社会公布热电企业生产成本，调整定价公式、设置价格制约要素，完善价格听证会制度，逐步理顺热电产品价格。

4. 切实推进热电联产对分散小锅炉的替代

严格落实国家“在集中供热范围内，不得分散新建锅炉，现有的锅炉应当限期淘汰”的要求，科学规划、合理布局热电联产集中供热区，对同一供热区域范围内的统调大供热机组、中小热电机组和自备电厂机组进行整合，根据不同热用户的需求，实现供热区域内不同热源点优化配置，对小锅炉建设的审批、运营、排放要严格执行环保政策，促进真正用热电联产集中供热为主的方式替代城市能耗高、污染重的分散小锅炉，提高热电联产在供热中的比例，扩大供热范围。

5. 理顺管理体制，加强对热电联产的监管

加强对热电联产的统一管理，理顺分散在发展改革委、住房城乡建设部、工业和信息化部、能源局等部门的热电联产管理职能，强化热电联产产业政策、价格管制、运行监管等的协调性，统筹相关产业协调发展。落实地方政府责任，强化对热电联产日常运营的监管，切实落实以热定电的原则。对于名为热电联产、实为常规火电运行的企业，要加强惩罚力度，促进节能环保和资源节约。市县一级地方政府应客观测算本地供热需求，统筹规划建设热电机组，淘汰环保不达标的小锅炉和落后机组，满足本地居民和工业用热的需求。

执笔人：石　光

参考文献

[1] 国家统计局. 2014 中国统计年鉴. 北京：中国统计出版社，2014

[2] 华贲. 从战略高度看待分布式能源——解决中国未来 20 年低碳发展面临的重大战略问题. 中外能源，2010（11）

[3] 王振铭. 热电联产的发展、问题与建议. 中国电机工程学会热电专业委员会研究报告，2008

[4] 魏力军. 实现燃煤工业锅炉节能降耗的措施和途径. 电器工业，2006（9）

[5] 徐中堂. 城市热电联产集中供热的发展与挑战. 供热管理动态. 2009（2）

[6] 郁刚. 热电联产应更大贡献节能减排. 中国能源报，2011－06－13

[7] 中国电力企业联合会. 2013 中国电力工业统计数据，http：//www. cec. org. cn/guihuayutongji/tongjxinxi/niandushuju/2015－03－06/134849. html。

第七章

我国废弃物回收再利用的制度和政策研究

废弃物回收再利用可以有效地节约资源、能源，并降低对环境的污染。一些发达国家通过立法明确了生产商、销售商和消费者在废弃物回收再利用中的责任，配合相应的税收、补贴等政策，建设废弃物回收物流体系，加强对国民的宣传教育，形成了较完善的回收再利用系统。目前我国回收利用责任不明确，补贴、税收等配套机制不健全，居民环保意识不够高，废弃物回收再利用率距发达国家仍有较大差距。为加强我国废弃物的回收再利用，应借鉴国外先进经验，通过立法明确回收再利用中利益相关者的责任，配合相应的经济政策，并根据各类回收物的不同建立完整的回收再利用体系。

一、废弃物回收再利用的意义

各种形式的废弃物回收再利用有效地利用了废弃或者老化的

资源，替代了新资源的开发和使用，节省了存储旧资源的能量和空间，避免了其他处理方式对环境的污染，具有良好的环保效应，是对资源和能源的节约，对绿色发展具有重要作用。

1. 节约能源

工农业生产、建筑等生产制造过程都需要消耗能源，无论是原料的提纯提炼、零部件的成型，还是成品的组装组合等，都伴随着能源的使用。回收再利用废弃物，可以有效地减少提炼提纯等过程中的所需的能源消耗。

有分析认为，如果我国再生铝的比重从目前的21%提高到60%，就可以每年节电1365亿千瓦时，节水近亿立方米。美国通过回收再利用资源同时实现了能源节约和能源增产。2010年，美国通过堆肥和回收再利用将8510万吨城市固体废弃物进行了再修复，提供了13亿瓦的能量，相当于节约了2.29亿桶石油，减少1.86亿吨的二氧化碳的排放，消解了3600万辆小型汽车排放的温室气体。可见，回收再利用废弃物对于实现节能减排，建设资源节约型社会具有重要意义。

2. 节约资源

各种生产过程中均存在资源转移，在原料加工为产品的同时，产品成了资源的新载体。即使产品到了废弃处置阶段，依然保持着资源属性，可见废弃物是可利用的循环资源物。对废弃产品的回收再利用，能有效地提高资源利用效率，节约资源。

废旧工业制品、垃圾和工业废料等可以分解为原料再次用于生产，通过再制造成为新品，或应用在对性能要求较低的其他领域。有研究认为，每回收利用 1 吨废钢铁，可以减少开采各种矿石 20 吨，节约 1.2 吨炼钢标准煤。以废弃电脑为例，其中钢铁约占 54%，铜铝约占 20%，塑料约占 17%，线路板中金、银、钯等贵重金属约占 8%，其他资源约占 1%，平均每台废弃电脑中约有 97% 的物质可被再使用或者循环使用。废旧泡沫塑料制水泥可节水 20%，再制造可节省材料 70%。

3. 减少污染

废弃物如果不进行回收再利用，通常的处理方式是焚烧和填埋。但两种处理方式都会对环境造成一定污染，回收再利用能够显著减少污染物的排放和对环境的污染。

有研究认为，我国固体废弃物综合利用率每提高 1%，就可减少 100 万吨废弃物排放；每回收利用 1 吨再生资源，可减少 4 吨固体废弃物处理。填埋作为重要的废弃物处理方式，不能从根本上杜绝重金属、溶剂、农药等污染物在不同介质间的迁移，往往对当地及周边的土壤、水体和空气造成长期污染。废弃产品中含有的铅、汞、镉或者其他有毒化学物质通过水源或土壤污染饮水与食品，如果被人体吸收，将可能造成重大的污染事故。例如，一台 15 英寸的 CRT 电脑显示器含有铅、汞、镉、铬、聚氯乙烯和溴阻燃剂等 300 多种可致畸、致突变或致癌的有害物质。一粒纽扣电池填埋后可能导致 60 万升水无法直接饮用，相当于一个人一生的饮水量，一节 1 号电池可污染 1 平方米土地；更为危险的是，电池中的汞在水中由于生物作用可转变为甲基汞，通过食物链进入人体可对人体运动区域和感觉区域的脑细胞造成极大损害，最为典型的例子就是日本熊本县水俣病。而焚烧可能产生严重的烟、尘、气、水污染，会增加大气中硫氧化物和氮氧化物等有害物质的含量，并不可避免的伴随温室气体的排放，甚至会产生如二噁英等有害物质。近年来，发达国家纷纷减少焚烧对废弃物的处理量。例如，美国 2010 年的焚烧量为 2930 万吨，大大低于 2000 年的 3370 万吨的水平。与这两种处理方法相比，回收再利用将本来可能造成污染的各种物质进行回收，变污染为资源，从而减少了可能的环境污染。如图 7. 1 所示。

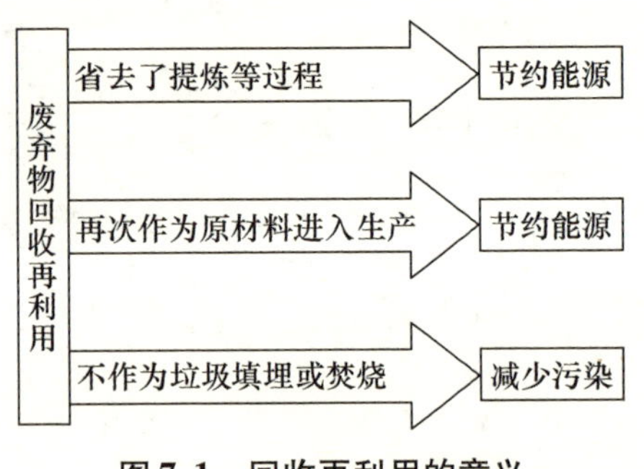

图 7. 1　回收再利用的意义

二、发达国家废弃物回收再利用的经验

废弃物回收再利用能够节约资源能源、减少环境污染，但对于整个回收再利用链条上的生产商、销售商、消费者和回收企业而言，回收再利用并不是最佳选择。因此，发达国家纷纷出台政

策促进回收再利用。美国、德国、日本及韩国等发达国家通过立法明确了回收再利用中生产商、销售商和消费者的责任，通过适当的补贴和税收促进回收利用链条上的各环节，并根据不同废弃物特征建立了适当的回收再利用物流系统，从而形成了废弃物回收体系。发达国家的这些做法值得我国废弃物回收再利用系统借鉴。

1. 立法明确利益相关方责任

废弃物回收再利用需要整个生命周期内涉及的所有利益相关者的参与。因此，英、德等国都通过立法明确规定了生产商、销售商和消费者的责任，甚至对政府的职责做出了相应说明。

立法明确生产商责任是最普遍的。生产商作为废弃物最初的生产者，与销售商和消费者相比数量更少，便于集中管理，有更强的工业能力。因此发达国家对生产商回收责任的规定是最多的。在金属、塑料等材料含量较高的家电行业，一些国家要求生产商承担回收义务。

日本的法律明确要求生产者对产品进行改良设计使之不易产生废弃物并易于回收利用，并且要求生产者承担一定的回收处理费用。例如，《家用电器回收法》规定制造商及进口商必须收集由自身制造或进口的经过消费而废弃的家电，安排适当的收集场所并负再生利用的责任；零售商的责任是在消费者要求下回收废旧家电并将收集到的废旧家电转运到制造商或指定的处理中心；并对回收再利用废弃家电的比例做出要求，其中空调不低于60%、电视机不低于55%、冰箱和洗衣机均不低于50%，生产企业若在规定的时间内达不到最低比例将受到相应的处罚。《家电回收法》颁布后，越来越多的企业在法律约束下承担自身废弃物回收处理的责任。《推进循环型社会形成基本法》规定生产经营者必须承担回收责任。《汽车回收法》规定汽车制造商有回收废旧汽车、进行资源化处理的责任。而在《促进容器与包装分类回收法》中则明确规定了废弃容器的回收费用由生产者承担。《资源有效利用促进法》要求企业积极使用再生制品和再生资源；推动各类废弃物的再生、循环再利用。

韩国《电子电器设备和汽车回收利用法案》规定，生产企业应对产品进行可回收利用性设计，包括进行部件标志、设计更为易于分离和拆解的结构，产品的设计阶段进行产品自检，提高产品的可再利用性。此外，还要求汽车生产企业向拆解回收企业提供拆解技术信息，从而促进对报废汽车的有效回收利用。

欧盟规定电器生产企业须无条件回收自己的废旧产品，欧盟成员国必须将该规定纳入本国法律体系。德国《电子电气设备使用、回收、有利环保处理法》要求生产商为公共回收点免费提供5类回收容器，包括大型家用电器和自动售货机、电冰箱和冷柜、IT通信设备和消费电子设备、气体放电灯、小型设备等。此外，还要求生产商提供第三方专家验证的报告，包括生产商产品每月销售量，年度正式报告中的电子废弃物在分类收集、整机再使用、回收再利用的重量；处理厂年度正式报告中的电子废弃物在分类收集、整机再使用、回收再利用的重量，两份报告的数字必须吻合，否则可处以最高5万欧元的罚金。生产商需要在每个新的电子电气设备上市后一年内，将该产品的再使用、回收处理等信息以资料或手册的形式提供给再使用厂、处理厂，信息中必须描述产品所含的元件、材料以及有毒有害物质的位置。德国《包装物法令》规定，生产者必须承担包装物的回收、处置与循环利用的责任，生产者既可以选择自行承担，也可以委托生产者责任组织代为承担并为之付费，但不得向消费者另行收费。德国《循环经济和废物法》要求生产者对产品整个生命周期的环境影响承担责任，有责任接受使用后返还的产品以及有责任循环利用和处置废弃产品；零售商必须免费回收电池，生产者必须从零售商和城市垃圾回收点免费接收废电池。以《循环经济和废物法》为依据，德国还成功促使生产者主动承担循环利用报废汽车、建筑废料等废弃产品的责任。

同生产商相比，销售商和消费者相对分散，也不具备对回收物进行处理的能力。因此，相比于各国对生产商责任的要求，销售商和消费者职责的相关规定相对较少，主要集中于废弃物收集。德国《包装物法令》规定，零售商必须设立回收箱以便消费者存放其丢弃的辅助包装物；顾客应将必要包装物返还给零售商，而对于那些不能再重新利用的液体容器也将设置强制型押金；该法令还设定了不同包装废弃物的回收目标和时限，强制性要求包装产品的生产商、销售商必须负责其产品包装的回收以及再利用或再循环其中的有效部分，并对生产商和经营商的责任和义务作了具体规定。

美国的《资源保护及回收法》规定每州都应建立程序，建立技术和公众的技术委员会以鼓励公众参与制定废弃物回收利用计划。纽约州要求电池制造商、进口商与零售商共同合作，对其销售或分销的充电池建立自由、便利的回收处理制度，并向纽约当局提交书面计划，证明其会采用安全的方法对零售商收集的充电池进行收集、运输以及循环利用。加利福尼亚州《废弃电子回收法案》要求零售商必须在消费者购买电子设备的同时向消费者收取回收的费用。日本要求消费者即废弃物的排放者有义务密封垃圾、分类排放、按规定付费并不非法投弃等。

这些国家以法律手段明确规定了生产商、销售商和消费者在废弃物回收再利用中的责任，从而将回收再利用的各个环节进行了分割处理，每个环节都有人负责，各司其职，形成了与资源流动相适应的责任链。

2. 补贴和税收

废弃物回收再利用外部性很强，对于其链条上的生产商、销售商和消费者来说，不会主动参与到回收再利用过程中。发达国家采取了以补贴和税收为主的经济政策，收取一定的回收处理费用于鼓励废弃物收集和回收。

日本《家用电器回收法》要求消费者购买电视机、电冰箱、洗衣机和空调等家用电器时，不仅需要支付新电器的货款，还要支付处理旧电器的有关费用，将家电产品的回收费分摊到消费者、零售商和制造厂家身上；产销方各负其责，消费者出回收费，零售商负责收集。《汽车回收法》规定车主有交纳废旧汽车回收处理费的义务。美国加利福尼亚州则通过《电子废弃物回收再利用法案》，规定从顾客在购买新的电脑或电视机时，要交纳电子垃圾回收处理费。

为鼓励废弃物回收，一些国家实行了有偿回收制。日本废弃物排放量日益增加，导致回收处理费用逐年上涨，为了补充部分回收处理费用，日本实行有偿回收制、分类回收制等。有偿回收制包括如下：计量回收制为依照垃圾排放量收费；定额回收制是对排出者收取固定费用；多量回收制为在垃圾排放量超过一定额度时收费，未超过时，按其他政策执行。分类回收制为按照废弃物的不同类别于指定时间分别置放于指定地点进行回收。美国亚利桑那州对废旧物资的再生利用实行税收优惠政策，对购买、回收再生资源的企业给予减税。

在日本，政府制定了各种资金投入和税收制度，如国会每年通过的与环保有关的预算超过1万亿日元，其中用于废弃物处理和再利用的预算约为1500亿日元。

3. 建设废弃物收集系统

废弃物回收再利用过程中，收集是一个重要的环节。废弃物多数是产生在使用端，是分散的；而再利用是集中在相应企业进行。收集系统就是实现从分散到集中过程的，这个物流过程与产品从生产商到消费者的物流过程正好相反。

德国电子废弃物收集系统基本由4500个公共废物管理机构设立的收集点、30000个商业收集点以及1000个生产商提供的收集点组成。市政当局公共废物管理机构免费收集家用电子废弃物，收集费用由市政当局承担；运输、处理费用由生产商或进口商承担，生产商或进口商也可指定自己的合约运输公司和处理公司。德国工业联合总会、德国工商业协会还联合零售业、消费品和包装业的95家公司，组建了绿点公司，通过建立一个专业的二元回收系统，来帮助生产商和经销商履行所承担的回收义务，使消费者丢弃的包装废弃物能直接进入一个再加工处理系统，提高了回收利用的效率，又降低了零售商、制造商和包装商的成本。绿点公司负责收集、分类、运送带有“绿点”标志的包装物，其资金来源于向企业颁发“绿点”商标许可证而收取的使用费。“绿点”使用费根据包装物的材质和重量而定，由包装物的使用者即产品制造商、贸易商、进口商支付。未参加该系统的企业只能自行对其包装物回收、处置与循环利用，完成规定的限额并提供证明。

芬兰地方政府定期派出电子垃圾回收车在居民区巡回回收电子垃圾。赫尔辛基现有3个垃圾站和1个回收中心负责回收家庭和企业的电子垃圾，垃圾处理部门每年还两次派回收车在市内回收电子垃圾，对回收的电子垃圾收取一定的处理费。

日本废弃资源收集的3条主要途径是行政收集、集团回收以及直接搬运。行政收集是在市镇村的有关部门主持下，进行废弃物的收集、搬运以及初步的分类减量处理，再委托专门处理机构进一步处理；费用以市镇村财政支出为主，多采取有偿回收制。集团回收是相邻住宅区组成的民间团体在获得有关部门的许可，并得到一定的资助以后进行的资源回收活动，主要收集居民排放的资源类废弃物；这种回收多为无偿回收，回收团体变卖回收资源后可补偿部分回收活动的费用。直接搬运是由废弃物排放者本人或委托代理将临时产生的垃圾直接搬运到废弃物处理厂；直接搬运多采取有偿回收制。

比较特别的是，日本的汽车回收采取消费者－经销商－生产者的企业自行回收路线。例如，丰田汽车制造公司设有专门的废旧汽车处理中心，丰田的各销售点负责收集各地的废旧汽车，收集到的废旧汽车被集中到公司的废旧汽车处理中心，在这里进行一系列的汽车分解处理。而对于家电的回收，日本采取的是生产者责任组织回收模式，即消费者－生产者责任组织－生产者。例如，日本成立了由最大的家电生产商索尼、三菱电机、日立、三洋、夏普、富士通、三井物产等15家公司联合组成的生产者责任组织GreenCycle公司统一回收、统一处理各责任企业的废旧家电，规模化的回收和处理形成了日本低成本、高效率的家电回收处理系统。

美国加利福尼亚州政府通过立法建立了一套资金系统用以来支撑整个电子废弃物回收系统。该回收系统在加州政府的主导下将各主体紧密连接起来，从电子废弃物产生的源头到最终的回收处理，进行严格的控制，力求各环节都能高效、稳定地运行。该法案规定消费者购买指定的电子产品时，在购买价格基础上增加回收处理费，由零售商代为收取。回收处理费送交加州税章审查委员会并存入专门账户；零售商可以保留回收费的3%作为收集过程中的开支。建设了专门网络帮助收集者记录下有废弃物要处理的消费者的名字和地址，然后被授权的收集者据此进行收集，收集服务对消费者是免费的，成本由专门的电子产品回收账户支付。

表7.1　　美国4州电子废物回收法规比较

	加利福尼亚	缅　因	马里兰	华盛顿
经费来源	消费者	生产商、政府	政府	生产商
资金使用	按回收重量向收集者或回收者支付	政府将回收物送回收者，回收者根据数目向生产者收取费用	生产者向州基金支付费用，其中一部分用于市镇回收	生产商自建回收系统，或与第三方合作
收集方式	消费者交回收者，或政府回收	政府收集并送回收者	政府收集	生产商与收集者合作，或加入第三方收集系统

三、我国废弃物回收再利用的现状和问题

我国废弃物产生量大，但缺少回收责任的法律规定，回收再利用体系不完善，企业缺乏回收经济动力，资源回收率低。

1. 我国废弃物回收再利用现状

我国废弃物产量大，但回收再利用量少，虽然近年来回收率整体提高，但距离发达国家仍然有较大差距。

随着我国经济持续发展，以资源投入和能源消耗为重要特征

的发展模式形成了大量废弃物。2007 年，我国工业固体废弃物年产量接近 10 亿吨，累计堆存量近 67 亿吨，占地达 6.5 亿平方米。2008 年，我国工业固体废物产生量为 19 亿吨，排放量为 782 万吨，危险废物产生量为 1357 万吨。其中部分类别的废弃量尤其巨大，2008 年我国手机用户达到 4.8 亿，按每部手机 1.5 年更换一次电池计算，每年废弃的手机电池就多达 3.2 亿块。以海关的进出口量统计，2001、2002 和 2003 年国内市场消耗的小型二次电池分别为 10.5、11.8 和 13.31 亿只。按平均使用寿命 3 年计，2006 年氢镍、镉镍电池和锂离子电池废弃总量达 35.61 亿只。随着我国城市城市化进程的加快和居住环境的改善，建筑垃圾也以高速度大量产生。据统计我国城市的开发建设每年至少要拆除 3000 万～4000 万平方米旧建筑，产生数亿吨建筑垃圾。不仅老建筑、道路和桥梁的拆迁改造产生建筑垃圾，在房屋新建过程中，其地下室基坑支护及建筑桩基工程，同样也会产生许多废弃混凝土和渣土等建筑垃圾，施工过程中所产生的建筑废渣有 4000 多万吨。

我国各类废弃的回收率几乎都很低。有研究表明 2014 年我国废弃手机量达 1 亿部，回收率不足 1%。新华社报道，2002 年我国干电池消费量达 70 亿～80 亿只，回收率仅 2%。我国每年产生的废铅蓄电池数量超过 260 万吨，但正规回收的比率不到 30%。中国发展基金会研究表明，2005 年，我国矿产资源总回收率约为 30%，比国外先进水平低 20 个百分点；再生资源回收利用率低，每年有大量的废旧家电和电子产品，废钢、废有色金属、废纸、废塑料、废玻璃等没有实现循环利用。再生资源回收利用率低，钢铁工业年废钢利用量为5800多万吨，占粗钢产量的比例为26%，世界平均水平为43%；再生铜产量93万吨，占铜产量的22%，世界平均水平为37%；再生铝产量145万吨，占铝产量的21%，世界平均水平为40%；轮胎翻新量仅占新胎产量的4%，而发达国家一般为10%。

具体而言，我国产业废弃物和生活废弃物回收率有较大差异。从目前情况看，产业废弃物的回收率相对较高，而生活废弃物的回收率还较低，而日本生活废弃的回收率比较高。再是不同品种的废弃物回收率差异较大。受原材料价格等因素的影响，一些回收价格较高的废旧物资，如废钢铁、废有色金属、废橡胶的回收率相对较高，而废塑料、废纸、废玻璃等回收率相对较低。

虽然我国废弃物产生量巨大，回收再利用体系也不健全，但近年来废弃物利用率在逐渐提高。例如，我国的废纸回收业发展较快，回收率逐年提高。2000年我国废纸回收率仅为29.5%，废纸在造纸纤维原料中的占比为41%；到了2008年前者已经提高到39.4%，后者也达到了60%。根据“森林趋势”发布的报告，我国在2009年成为世界废纸回收利用最多的国家。我国废纸浆用量2007年为4017万吨，废纸浆利用率达到59%，相当于废纸利用率68.3%，其中很大一部分是依靠进口，而国内废纸回收率只有37.9%。

据统计，2006年全国有各类废旧物资回收企业5000多家，已登记注册回收网点16万个，未登记注册或临时的回收网点有近40万个，废弃物回收利用体系已见雏形。2000年我国再生资源的回收量已经突破5000万吨，年回收总值450亿元。五大类废旧物资的年回收量分别为废钢铁3500多万吨，回收率为80%；废有色金属175万吨，回收率为80%；废塑料300万~400万吨，回收率为20%；废橡胶40多万吨，回收率为47%；废纸浆1200万吨，回收率为32%。2003年我国废旧物资的回收总量已经达到8400万吨，其中七大类废旧物资年回收量突破5500万吨，年回收废旧物资总值约500多亿元。据统计，2007年我国再生资源主要品种年加工处理量为2500多万吨。以有色金属产业发展为例，2007年我国再生有色金属产量为530万吨，其中再生铝为275万吨，再生铜为200万吨，再生铅为45万吨，再生锌9.7万吨。2004年我国有色金属总产量为1454万吨，居世界前列，但是再生金属产量占总产量的比重仅为22%，低于日本等发达国家目前40%~50%的水平。

2. 回收再利用存在的问题

我国废弃物回收再利用产业存在的问题主要有三个，首先是缺少对利益相关方的责任界定，已有的相关法律执行也不够严格，回收物流体系建设滞后，作为废弃物产生终端的消费者回收再利用意识较弱。

第一，对利益相关方的责任法律界定不完善。我国目前虽然有法律、法规和部门规章对回收再利用相关方的责任作出规定，但主要涉及生产者，对销售商、消费者的规定还相对较少。

例如，《旧水泥纸袋回收办法》要求水泥厂对废旧水泥袋进行回收，并规定了生产者的回收比例，构建了“押金－退款”制度，允许生产者在水泥用户购买袋装水泥时收取纸袋押金。《固体废物污染环境防治法》规定，“国家鼓励、支持综合利用资源，对固体废物实行充分回收和合理利用，并采取有利于固体废物综合利用活动的经济、技术政策和措施”，并且“产品应当采用易回收利用、易处置或者在环境中易消纳的包装物。产品生产者、销售者、使用者应当按照国家有关规定对可以回收利用的产品包装物和容器等回收利用”。《废电池污染防治技术政策》规定了生产者、进口商对电池废弃产品回收、处置与循环利用责任。《固体废物污染环境防治法》规定了生产者对固体废物中的废弃产品的源头预防责任与废弃产品回收、处置与循环利用责任。《废旧家电及电子产品回收处理管理条例》征求意见稿要求生产者担负对废旧家电及电子产品的源头预防责任、产品环境信息披露责任与废弃产品回收、处置与循环利用责任。《汽车产品回收利用技术政策》规定了生产者、进口商对汽车的源头预防责任、产品环境信息披露责任与废弃产品回收、处置与循环利用责任。

这些法律法规相关的技术规范标准缺乏，制度体系框架尚未完善，缺乏可操作性的实施细则，在废旧电器回收再生利用产业链形成的各个环节存在着协调少、制约多的问题。

第二，现有回收制度没有得到严格执行。我国回收制度执行过程中经常出现打折扣的现象。例如，分类收集的废弃物在运输过程中再次混杂，增加了分拣工作量。日常可见路边或居民区内的垃圾桶通常都是分类的，少则两类，多则三四类，不光部分居民在处理垃圾时没有严格按照垃圾桶的分类处理，即使全部都按照垃圾箱的标志处理，垃圾收集车到来时也经常将所有垃圾箱内的垃圾统一倒入一个车厢内，从而导致了垃圾再次混装，显著增大了分类和回收再利用的难度。

第三，废弃物产生者回收意识不强。作为废弃物产生者的广大群众，回收意识不强，导致大量可以再利用的废弃物没有进入回收流程，从而增加了回收难度甚至无法回收再利用。

原国家环保总局与中国社会科学院社会学研究所的《2005 年全国城市公众环境意识调查报告》显示，我国城市公众环境知识水平仍然较低。我国公民典型的环保行为，如生活垃圾分类、使用再生纸等远未形成习惯。2006 年对武汉居民的一项调查显示，19.9% 的居民认同“一件产品用旧后，通常我就会重新买个新的，即使这个旧产品还能使用或修理后能用”，61.4% 的居民不认同“我尽量循环使用产品直至其完全废弃”。另一项调查表明，2005 年我国废旧电池回收率不足 2%，有 87% 的居民将废电池与生活垃圾一起丢弃。

四、建立我国废弃物回收制度的政策建议

废弃物回收再利用对我国建设资源节约型、环境友好型社会

有重要作用。应通过适当的政策手段，利用政府和市场的力量，构建完整的回收再利用体系。如图 7.2 所示。

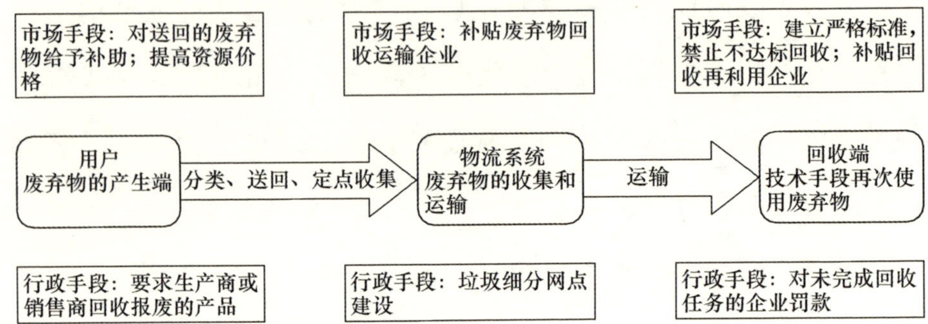

图 7.2　市场手段和行政手段在回收再利用体系中的作用

1. 通过立法明确利益相关方责任

在产品废弃后有较大回收再利用价值的行业，通过立法对生产商和销售商做出要求。以回收率作为考核标准，并对超额完成的企业给予奖励，对未达标的企业进行罚款。奖励或罚款额度根据行业和产品价格情况不定期调整，保证对生产商和销售商有足够的刺激作用。

2. 建设废弃物收集网点

中央财政划拨专项资金用于回收网点建设，在居民小区、商场、车站和学校等人流较密集的区域设立回收网点；细化收集分类，对紧凑型荧光灯、电池等污染危害巨大的产品，设立专门收集器具，对塑料、金属和纸张等回收利用比例高且容易分拣的固体废弃物设立专门收集器具；由专门的回收交通设备收集这些特殊废弃物，与日常生活垃圾区别对待。

3. 强化群众回收意识

通过公益广告、举办公益活动等形式，加大对废弃物分类回收的宣传力度，在群众中树立废弃物回收处理的意识，努力在群众中形成良好的分类回收习惯。在义务教育阶段设立专门的课外教育活动，培养中小学生的废弃物回收意识，帮助中小学生养成良好的分类回收习惯。

4. 给予回收企业税收优惠

对引进大型回收处理设备、开展废旧产品回收再利用的制造商，减免固定资产税和所得税，减少特别折旧，并且实施特别退税政策；对投资废弃物回收再利用产业的企业，采取税收减免和出让土地使用权等优惠政策。对废弃物循环利用设备的研究者和生产者给予研发和生产补贴，鼓励其从事设备研发和生产。

5. 收取资源税、污染税

针对可回收再利用的资源，如石油、纸张和金属等，收取一定的资源税，提高企业使用一次资源的成本，进而使二次资源的价格相对降低，从而促进对回收资源的使用，带动整个回收产业链条的发展。针对可利用程度较高的废弃物，如电子产品等，收取直接废弃的污染税，提高直接抛弃这些产品的成本，促进对这些产品废弃物的回收。

执笔人：杨　超

参考文献

[1] 苗建青．论循环经济的效率问题——日本废弃物回收政策研究．外国经济与管理，2005（12）

[2] 曾延光．美国电子废物回收法规概览．信息技术与标准化，2007（5）

[3] 苗建青．废弃物回收政策与循环经济．环境与可持续发展，2006（2）

[4] 韩靖华，黄达源，魏效杰，毕超．关于完善我国再生资源回收利用有效运作模式的探索．再生资源研究，2007（3）

[5] 蔡永海，张召．国外垃圾回收利用对我国的启示．北京化工大学学报（社会科学版），2010（1）

[6] 范文虎．我国工业固体废物现状及管理对策研究．科技情报开发与经济，2007（33）

[7] 王建明．城市居民循环回收行为的实证分析及政策含义．财贸经济，2007（1）

[8] 刘忠庆，刘忠军．再生资源回收企业需要国家给予政策支持．中国税务，2011（2）

[9] 叶军，朱砚花．浅论日本建设循环型社会的法律体系．亚太经济，2010（3）

[10] 徐伟敏．德国废物管理立法的制度特色与启示．中国人口资源与环境，2007（5）

第八章

体制机制视角下的绿色发展国际经验及政策启示

“绿色发展”是在绿色经济、循环经济、低碳经济以及生态经济等诸多相关理念的基础上发展而来。它与传统“以工业革命为依托，强调资本积累和高投入、能源和初级产品的高消耗以及伴随增长过程中不加限制的消费增长，形成了增长至上的发展观”相反，是关乎经济、自然、社会协调共生的一种全新发展观。

从20世纪60年代起，以1962年《寂静的春天》和1972年《增长的极限》为标志，经过1992年联合国里约环境与发展大会，到2008年的“绿色经济倡议”、2011年的《迈向绿色增长》和2012年的“里约+20”联合国可持续发展会议宣言《我们希望的未来》，绿色发展成为可持续发展理念的延伸。不过，全球范围内的绿色转型过程都面临巨大挑战。既与各区域、各部门的巨大利益冲突和转型成本有关，也与各国自身制度安排与政策体系的高度复杂性有关，还受到因国情不同导致难以统一、协同的全球合作机制影响。不过，在逐步放缓的经济现实和日益严峻的资源环境危机面前，大多数国家都选择通过体制机制创新来适应绿色发展，大力推动“绿色新政”实现绿色转型。

在中国，在持续增长、改革转型与生态治理等多重挑战下，推动绿色发展是一项长期、复杂的系统性工程。因此，及时吸纳和掌握绿色发展的国外先进经验和最佳实践，厘清绿色发展在不同领域、不同层面的管理体制与运行机制，具有一定的借鉴意义。

本章聚焦于绿色发展的制度体系及其政策实践，通过选取和剖析 15 类典型的体制机制案例，归纳了法律保障机制、市场决定机制、公共管理机制、统筹协调机制和创新驱动机制等先进经验。

一、法律保障机制

推动绿色发展首先需要法律制度的约束和保障。由于绿色发展涉及经济社会的各个方面，其相关立法是一项复杂综合的宏大系统工程，若要制定一部涵盖绿色发展全部内容的综合性法律是不现实的。因此，关键是健全绿色发展的法律约束机制，而非制定单一的综合法规；重点是完善绿色发展相关的执法、司法以及加强法律法规施行的效果评估制度。这也是多数发展国家推动绿色发展的先行措施。

1. 建立完善的法治体系

美国在发展低碳经济、应对气候变化方面的完善立法举世瞩目。虽然美国政府在节能减排问题上加入了更多的政治因素，但在新能源开发领域（尤其是清洁能源）成效显著。从 1973 年石油危机开始，美国政府采取了立法先行，构建法律、政策、标准等，构建适应新能源开发与利用的制度体系。早在 1975 年美国就颁布了《能源政策和节能法案》，1978 年颁布了《国家节能政策法案》和《公用电力公司管理政策法案》。1987 年制定了《国家设备能源保护法》，颁布了《国家家用电器节能法案》。为推进国家能源综合发展，1992 年颁布了《能源政策法案》，1998 年颁布了《国家能源综合战略》，2005 年颁布了《国家能源政策法》，2009 年通过了《复兴和再投资法案》和《清洁能源与安全法案》，提出 2020 年前将温室气体排放降低到 1990 年的水平，2050 年在 1990 年水平的基础上降低 80%。为此，美国确定了“总量管制和交易”制度，并通过对高碳经济征税以补贴新能源，通过配额交易发展低碳经济。

日本是全球范围内最早进行循环经济立法国家，也是循环经济法律制度最为完善的国家。日本的循环经济法律体系包含三个层面。第一层面是基本法，包括《环境基本法》与《循环型社会形成推进基本法》。这两部法律明确勾画了循环型经济社会的蓝图，从法律上确定了 21 世纪日本经济和社会的发展方向。第二层面是综合法，包括《固体废弃物管理和公共清洁法》和《资源有效利用促进法》。前者明确规定了排放工业废弃物的企业责任，后者强调要在制品的生产、流通、消费各环节综合实施 3R 原则，达到资源的高效利用。第三层面是根据各种产品性质特别制定的专项法律法规，包括《促进容器与包装分类回收法》《建筑工程资材再资源化法》《日本特定家用电器回收和再商品化法》等。从立法进程来看，日本在 1967 年制定并实施了《公害对策基本法》，主要是明确国家和地方政府、企业和公共团体防治污染的职责、措施和基本对策。之后，在 1993 年颁布实施了《环境基本法》，明确了环境保护的基本方针，并将污染控制、生态环境保护和自然资源保护统一纳入其中。2000 年，颁布了《建立循环型社会基本法》，旨在建立一个“最佳生产、最佳消费、最少废弃”的循环型社会形态，实现由大量生产、大量消费、大量废弃的经济型体制转变为循环型经济体制。

2. 及时修法落实治理措施

美国在水污染防治方面连续性的立法修订具有代表性。美国在水污染防治方面的立法历史可追溯到 1899 年的《河川港湾法》。全面性的联邦立法是 1848 年制定的《联邦水污染控制法》。该法与其若干个修正案共同构成了美国水污染防治的主要法律文件。

1965 年修正案《联邦水质法》是美国水污染防治史上的一个重要里程碑。这一修正案首次采用直接以水质标准为依据进行水污染管理的方法，规定了在州和联邦政府都可行的水环境质量标准，这一标准成为州际水质量标准的基础。它要求各州在 1967 年前制订出州际水体水质量标准，同时《联邦水质法》也要求各州制订出废物排放的负荷分配，以保障排放的污染物负荷量不超过水环境质量要求。1966 年的《清洁水赔偿修正案》要求给予违法的排污者每天 100 美元的罚款。1970 年通过的《水质改进法》再次加强了联邦政府的权威，并且制订了“废物排放许可证计划”（RAPP）。

1972 年国会再次对《联邦水污染控制法》进行了修订。该修正案重新建构了水污染控制的机构，加强了行政机关在环境机构中的权威性，建立了一个由联邦政府制定基本政策和排放限值，并由州政府实施的管理体制。同时，继续维持了对水质控制的要求，增加了对技术和战略控制内容的要求。这使执法更有针对性、可行性和科学性，大大提高了该法在水污染控制方面的作用。

1977 年美国以名为《清洁水法》的修正案对 1972 年《联邦水污染控制法》再次修订，它制定了控制美国污水排放的基本法规。《清洁水法》授予美国联邦环保局建立工业污水排放的标准，并继续建立针对地表水中所有污染物的水质标准的权力。《清洁水法》使得任何人，除非根据该法获得污水排放的许可证，不得从点污染源向航行的水道中排放污水。1977 年的修正案集中针对有毒的污染物，1987 年修正案重新给《清洁水法案》对有毒物质、公民适用条款和根据标准的建设计划资助污水处理设施等进行授权，使联邦环保局可以委托各州政府执行多种许可程序、行政管理和强制执法的各种任务。各州有权实施《联邦水污染控制法案》的各项计划的同时，联邦环保局仍然保留其监督的责任。另外，该法案还要求各州对其所辖范围内的水体进行识别；各州应对于此类水体确认负有责任的排污者，以制定针对每一水体的控制战略。

总的来看，这一系列水资源相关的立法修订夯实了美国联邦水污染治理体系的法律基石。同时，联邦在水污染治理问题上日益居于主导地位，州逐步从主导退缩到配合的位置上。这具有决定性意义，有效保证了全流域的水污染治理成为现实。联邦最有效的武器就是立法，这在美国水污染治理中发挥着巨大的作用。联邦政府在立法的同时，也适时地建立起全国性的环境保护部门，以管理并指导各州的地方水污染治理工作，并适当得予以财政和技术上的支持。

3. 高度重视环境执法及监督

早在1969年，美国总统办公厅根据《国家环境政策法》的规定设立了环境质量委员会（CEQ）。CEQ直属于总统，但其作用的发挥很大程度上取决于在任总统对环保的态度。1970年12月美国政府成立了联邦环保局（EPA），其主要职责包括：对州和地方政府、个人和有关组织控制环境污染的活动提供帮助；协助CEQ向总统提供和推荐新的环保政策；制订和实施环保政策、法令和标准。

为有效保障环境法律、政策的实施，EPA专门设立了十大区环保分局，由各区局长就环保事务向联邦环保局局长负责，并协调州与联邦政府的关系，以确保区域性环境问题得以解决。随着环境问题的日益突出，美国国家环保局制定了跨介质、跨部门的执法方案。美国国家环保局通过与政府的其他机构、州和地方政府建立、发展“伙伴关系”，来处理跨部门管理和跨介质的环境违法案件。

美国环境执法主要依靠各级环境保护机构内设立专门的执法机构来实现。美国环境执法机构是与联邦行政体制相对应的由中央到地方的体系结构，自上而下依次为：美国联邦环保局（执法与守法保障办公室）→联邦环境局区域办公室（执法机构）→州环保局→州环境派出机构→地方（县市）环保机构。从机制运行视角来看，美国执法机构的运行体现为“预防＋惩戒”相结合的运行机制。

预防机制包含三个方面。一是环境守法援助，主要指通过向受管制者和公众提供生产、管理、生活过程中需要遵守的环境法律、环境管理信息和服务，以促进公众遵守环境法律法规及政策的活动。二是守法激励，主要通过政策降低守法成本来增进被管制者守法意愿。在金融领域内，通过免去环境债券的利息、在贷款中设立用于保护环境的资金比例、运用抵消性政策等降低守法成本。三是守法监测，是指对被管制者守法状况信息的搜集、分析与评估，通过监测，查清执法行为，为执法提供依据。

惩戒机制一般包括罚款、要求法院判决、限制财政援助等措施，主要体现为非正式和正式的两类方式。一方面，正式的执法机制则包括行政行动、民事行动和刑事行动，这些行动都具有强制性。如，罚款、命令违法者停止违法行为、限期整改、撤销许可证等都是常见的方式。另一方面，非正式机制是针对违法程度较轻、造成危害较小的行为，目标在于促使违法者纠正违法行为，不具有惩罚性。如，通过电话通知、检查、发出警告信和违法通知等方式。如果违法者忽视非正式行动，不采取改进措施，则可能会引发正式的反应机制。

此外，执法监督也是美国环保执法的重要特色。美国行政法以限制行政权为基本原则，监督是控制权力滥用的有效手段。从环境执法的监督主体来看，被管制者、公民和社会团体、EPA 内部机构、其他行政部门、司法部门都可以对环境执法机构进行监督。法律不仅在行政程序进行了设置，司法诉讼也已成为有效的监督方式。

二、市场决定机制

发展绿色经济，需要充分发挥市场在资源配置中的决定性作用，通过经济激励引导企业和公众参与，让市场参与者充分竞争，实现经济、自然资源的高效率配置。完善的市场机制是绿色发展的前提，从国际经验来看，绿色转型需要在排污交易、生态补偿、绿色金融以及资源市场化定价等相关的市场机制建立上加以重视，这也是诸多先进国家普遍施行的政策组合。

1. 运用生态补偿、排污交易等工具

发达国家倾向于运用多种环境经济政策，促进生态环境保护发展，尤其重视生态补偿、排污权交易等市场化规制工具的使用。

生态补偿机制广泛采用。比如，瑞典的《森林法》规定，如果某地林地被宣布为自然保护区，那么该林地所有者的经济损失由国家给予充分补偿。又如，美国 1977 年通过《露天矿矿区土地管理及复垦条例》规定，矿区开采实行复垦抵押金制度，未能完成复垦计划的其押金将被用于资助第三方进行复垦；采矿企业每采掘一吨煤，要缴纳一定数量的废弃老矿区的土地复垦基金，用于复垦实施前老矿区土地的恢复和复垦。美国政府出台的“排污补偿政策”主要应用于经济欠发达、环保标准非达标的地区，要求新建、扩建、改建项目必须取得相应的排污削减量以“抵消”或补偿其排放。排污削减量可以在本厂、本公司内部通过压缩原有设施排放量来获得，也可以通过许可证交易市场或储存排放削减信用的银行购买。这一政策灵活地解决了特殊地区的经济增长与满足环境标准之间的矛盾。此外，在生态补偿的模式上，政府购买模式是世界各国支付生态补偿的主要方式。

排污权交易机制不断成熟。排污权交易最早在美国实施，二氧化硫减排效果显著，美国在 1990 年推出二氧化硫排污权交易政策，有效地促进了二氧化硫减排。据统计，参加二氧化硫排污权交易的电厂 1995 年二氧化硫排放量比 1990 年减少 45%，而没有参加交易体系的电厂 1995 年比 1990 年排放量增长 12%。发达国家的经验表明，政府可利用市场手段和经济激励政策促进生态保护。特别的，交易许可证及排污收费制度为排污交易奠定基础。例如，美国在空气保护政策方面的交易许可制度颇具代表性。1990 年的《清洁空气法修正案》规定对二氧化硫可以实行配额交易，取得可观的经济效益和环保效果后，在其他环保政策中推广开来，形成独具特色的一种制度，对于促进美国的环境保护和经济发展的平衡起到了很大的促进作用。基本思想是基于总量控制把环境保护作为一种商品并纳入市场价格机制的一种可供选择环境经济政策。被投放入市场的排污许可证是一种固定的"污染权"，为排污付出的费用可以被看做是"污染物的价格"，从而建立起稳定、持续的排污权交易市场。

2. 推广绿色金融政策及实践

与传统金融相比，绿色金融最突出的特点是更强调人类社会的生存环境利益，将对环境保护和对资源的有效利用程度作为计量其活动成效的标准之一，通过自身活动引导各经济主体注重生态平衡。

（1）以德国为代表的绿色信贷实践

国际上银行业除了采用国际通行的"赤道原则"及相应的标准进行授信审核外，在政府、政策性银行的参与下，开发出相应的绿色信贷金融产品，使得绿色信贷政策能够在较低的管理成本下，为环保和节能项目提供低息贷款，形成了绿色信贷的政府参与机制、较为丰富的绿色金融产品体系，并让环保和节能项目能够便利地获得低息贷款。德国是国际绿色信贷机制的主要发源地之一，政策体系较为成熟。

除了德国银行业主动地加入"赤道原则"的制定与推广，德国政府积极参与开发绿色信贷产品。德国政府支持国家政策性银行——成立于1948年的德国复兴信贷银行（KFW），运用资本市场和商业银行来实施对环境项目的金融补贴政策，最大效率地发挥政府补贴资金的作用。德国复兴信贷银行的绿色信贷金融产品主要由下属分支机构 KFW Frderbank 经营。经过数年的发展，德国政府参与的绿色信贷机制已趋成熟（见图 8. 1）。具体的，德国复兴信贷银行在国际资本市场上进行融资，德国政府负责对其融资进行贴息并打捆形成绿色信贷产品。KFW 测算出盈利利率和优惠利率①，将从资本市场融资开发成长期、低息的金融产品销售给各商业银行，商业银行获取低息金融产品后根据微利原则再适度调整利率②，然后以优惠利息和贷款期为终端客户提供支持环保、节能和温室气体减排的绿色金融产品和服务。

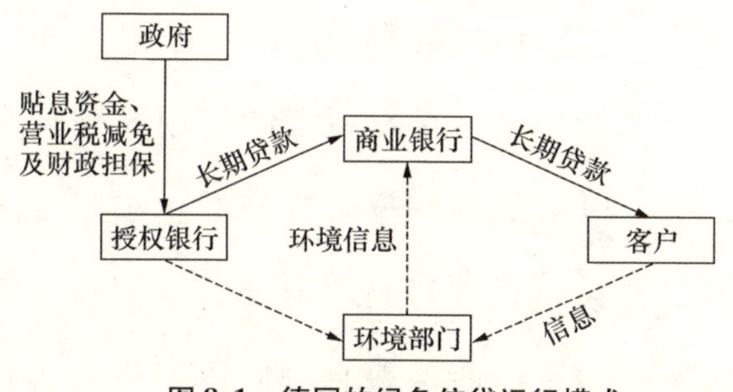

图 8. 1　德国的绿色信贷运行模式

从实际成效来看，绿色信贷机制在德国环境保护、节能建筑、发展可再生能源等诸多领域的运行效果都反响不错。例如，在节能建筑领域，目前德国每年大约有 2. 2%（大约 88 万个）的住房采用节能设施，KFW 向其中一部分提供了贴息贷款。2008 年节能

① 盈利利率指按微利的原则测算出此金融产品的贷款利率，优惠利率是指国家贴息后的利率。

② 调整幅度根据国家的有关规定在一定范围内进行市场调节。

改造项目贷款总额为67亿欧元，比2007年增长了34%。项目总数为22.6万个，大约占全国的25%。生态建筑项目贷款为24亿欧元，共计5.4万个项目。又如，KFW在2008年共计有42亿欧元的贴息贷款投向了可再生能源领域，比2007年增长11%，大约占德国该项目投资的近一半。德国对环保节能项目予以一定额度的贷款贴息，对于节能绩效好的项目，可给予持续10年、贷款利率不到1%的优惠信贷政策，利率差额由政府予以贴息补贴。实践证明，德国对绿色信贷项目予以贴息贷款的“杠杆效应”最为显著，利用较少的资金调动起一大批环保节能项目的建设和改造。

（2）以英国为代表的其他绿色金融市场化实践

一是绿色债券。绿色债券是若干国际金融组织和一些政府支持的金融机构发行的债券。由于发行者的信用级别较高或享受政府免税等政策，可以以较低的利率来支持绿色项目。国际上已经发行绿色债券的机构包括世界银行、亚洲开发银行、英国绿色投资银行等。这些债券的承销商一般是国际主要投资银行，投资者包括大型的机构投资者和部分高净值的个人投资者。这些债券的平均期限为5~6年。从2007年开始，全球发行的绿色债券的总市值超过50亿美元，其中世界银行占了大约一半。绿色债券的优势非常显著：一是绿色题材、社会价值；二是期限较短、高流动性；三是良好的投资回报，某些绿色债券享受免税优惠；四是较低的风险（避免了对单个环保类项目投资的风险）。随着欧洲各国绿色债券政策的发展，欧盟排放交易体系已经成为了世界最大的区域碳市场，总计达到 29 个国家和 8 个交易中心。

二是绿色银行。英国绿色投资银行是英国政府全资拥有的一家银行。政府为其提供了 30 亿英镑资金，并在董事会拥有一个董事席位，但银行独立于政府而运作。英国绿色投资银行的作用是解决限制英国绿色基础设施项目融资的市场失灵。英国政府期待绿色投资银行通过调动额外的私人投资，大力加快英国向绿色经济的转型。《英国绿色投资银行年报》指出，绿色投资银行投资 1 英镑可调动近 3 英镑私人资金。英国绿色投资银行的重点是面向具有较强商业性的绿色基础设施项目，包括海上风电、废物回收、废物再生能源、非住宅能效。

三是绿色保险。绿色保险是在市场经济条件下进行环境风险管理的一项手段，其意义在于：如果没有保险，许多企业在发生意外的污染事件之后就没有财务能力提供赔偿和对环境进行修复。对某些行业采取强制购买保险的措施会将环境成本内化，减少环境风险过大的投资。由于欧盟始终坚持以立法的形式强调“污染者付费”原则，并在 2004 年发布《欧盟环境责任指令》强调污染责任，相关保险业务在欧洲最为发达。英国保险业协会组织全国保险公司推出类似保险，一旦污染发生，赔付内容包括清理污染的数额，还包括罚金、不动产价值损失、全部相关法律费用、医疗费用等。

3. 市场化的资源产品定价机制

煤炭、电力、天然气和水等资源性产品价格形成的市场化机制建立是适应绿色发展的基础性条件。本节选取一些资源性产品在市场经济体制相对成熟的发达国家例子进行介绍。

第一，水资源定价机制。在美国，水价政策只对水价构成作原则性规定，要求供水单位不以盈利为目的，但必须通过供水生产经营活动，实现水利工程投资的回收和满足工程运行、维护、管理和更新改造的需要。各供水机构根据自己的生产实际和市场情况，在供水成本接受审查和社会监督的基础上，特别强调与用户的沟通和协调，制定适应自己实际的水价。美国的水价因地区水资源条件不同实行差异化定价模式：东部水资源较丰富，实行“累退制”水价制度，即大水量用户水价低，小水量用户水价高；而西部水资源紧缺，服务成本定价模式和完全市场定价模式较常见。水资源管理体制方面，美国政府对水价进行宏观管理。根据美国联邦法律的有关规定，水资源的开发利用和管理由联邦政府机构、州政府机构和地方政府机构三级共同负责，且管理权限划分明确，相互配合，各负其责。这种水管理体制有利于水资源的统一调配和水问题的协调解决。

第二，天然气定价机制。美国已建立了成熟完善的天然气短期交易市场，是世界上最大的、真正竞争性的天然气市场。美国的天然气价格除了基本与国际油价挂钩，也采取了市场化方式推进天然气交易，一般包括短期合同和长期合同交易。大量天然气通过短期合同进行现货交易，交易签订的合同价格主要通过市场交易中心，由众多买方和卖方竞争形成。通过长期合同交易的天然气，价格主要以公布的现货或者期货价格为依据，而现货市场和期货市场的价格则由市场供求关系决定。进口管道气和 LNG 的价格通过交易中心价格倒算得到，因此交易中心的价格是天然气产业链各环节价格的连接点。

第三，可再生能源上网电价形成机制。欧盟各国由于政治传统、政策框架不同，可再生能源上网电价政策并不存在完全统一的模式，欧盟范围内可再生能源上网电价机制主要有以下三种类型可供借鉴。一是政府进行特许经营权项目招标，可再生能源上网电价执行中标电价在可再生能源发展初期，一些欧盟国家进行特许经营权项目招标，可再生能源上网电价按照招标电价执行。报价最低者获得项目经营权，政府保证按照中标电价收购该可再生能源发电项目的发电量。这是发展初期普遍采用的激励政策，但现已逐渐被取代。二是在实行可再生能源配额制的国家，上网电价由市场电价与绿色证书价格共同构成，包括建立基于可再生能源配额制的电价机制。瑞典、英国、比利时、意大利、波兰、罗马尼亚等国建立了基于可交易绿色证书的配额制，规定可再生能源发电量必须占到总消费电量的一定比例，同时还建立了绿色证书交易市场。三是固定上网电价机制，即政府强制要求电网企业在一定期限内按照一定电价收购电网覆盖范围内可再生能源、发电量。固定上网电价政策起源于德国。目前，欧盟 27 个成员国中有 20 个国家实行固定上网电价政策。从应用范围来看，固定上网电价政策是目前应用最广泛、最常见、最成功的模式。不过，针对固定模式的调整机制尤为关键，要求既反映发电成本的变化，也与市场变化、本国规划目标、成本控制目标相一致，其目标是建立激励政策退出路径，实现本国可再生能源的均衡有序发展。

三、公共管理机制

环境和资源的外部性、公共品属性一定程度上会引发资源配置时的市场失灵现象，因此推动绿色转型过程中，政府的作用和责任不可替代。在大多数绿色增长成果显著的国家中，其政府主要扮演市场规则的制定者和市场秩序的维护者角色，强调弥补市场缺陷、纠正市场失灵、强化市场监管。转变政府职能，厘清市场与政府的边界现已成为诸多新兴经济体国家体制机制创新的重点任务。

1. 合理采取税收补贴政策

美国政府在推进页岩气勘探开发技术发展上长期采取减免税措施，充分利用市场机制促进绿色技术创新。如，1980 年颁布《能源意外获利法》，对非常规能源开发实施长期的税收减免，1980 ~ 1992 年钻探的非常规天然气可享受每油桶当量 3 美元的税收减免。后来又通过几次立法相继扩展了非常规能源的税收减免范围，并延续了替代能源的税收减免政策。这些政策提高了非常规天然气的市场竞争力，激发了美国众多能源企业开发非常规天然气的积极性，促使企业不断进行关键技术和工艺的创新，降低开发成本。

英国为推动减排征收的气候变化税也具有代表性。英国自2001年4月1日起开始征收气候变化税，其征收对象是使用能源的工商企业和公共部门，计税依据是适用煤炭、天然气、电能等能源的数量，不同能源品种按其能耗当量而不是碳排放当量确定不同的税率。这种对高碳能源征税，同时对热电联产、可再生能源等清洁能源免税的差别化政策，改变了能源的使用成本，大大激励了人们使用清洁能源，达到了温室气体减排的目标。气候变化税的征税目标不是为了扩大税源和筹措财政资金，而是要提高能源效率和促进节能投资。为了减少企业税负，英国政府将气候变化税的征收再通过多种途径“返还”给企业，例如对缴纳气候变化税的企业减少其为雇员缴纳国民保险金的比例0.3%，或者通过投资补贴鼓励企业进行节能环保投资，或者作为碳基金的主要来源。

瑞典政府则强调推行绿色税收改革。瑞典政府的环境经济手段包括税收与税收减免、收费与收费退还、拨款、补贴与补贴免除、押金－退还机制、排污许可证交易等，落实到瑞典各个行业和部门又被细化出约70项具体环境经济手段。在跨行业经济手段中，瑞典普遍以绿色税收、地方气候投资计划、节能技术市场推广补助金等经济手段覆盖全社会的各个行业，保障整个社会的可持续发展。以碳税为例，瑞典是全世界最早开始实施绿色税收改革的国家之一。绿色税收转型的主要目的是获得能源系统的可持续、长期再利用，重视能源利用效率的提高、促进生物燃料的使用、减少二氧化碳排放。二氧化碳税促使人们改变生产和消费行为，减少二氧化碳排放。硫税鼓励使用低硫燃料和削减能源使用量，并带来了大规模的燃料转换。瑞典在 1989 ~ 1995 年间二氧化硫排放减少总量中硫税贡献率达到 30%。

2. 积极推行生态预算机制

全球各国政府高度重视城市自然资源的可持续利用，推进城市的可持续发展。创建于 1990 年的 ICLEI（International Council for Local Environmental Initiatives，国际地方政府环境行动理事会）于 20 世纪 90 年代中期提出了“生态预算（Eco-Budget）”机制。在 ICLEI 倡导下，欧洲和亚洲国家的许多城市政府广泛采用，效果显著。

生态预算是以公共财政的预算程序为参照，将城市行政辖区内的各种自然资源视为一个有机整体，城市政府内的各个资源管理部门在一个专门设置机构的统一领导下，从各自的管辖范围对城市辖区内的各种自然资源未来预计的使用和消耗情况进行定量的预测性描述，然后由专门领导机构将各个资源管理部门的指标汇总，设定城市各种自然资源的年度、中期和长期的使用指标，编制城市生态预算的总体框架表，报城市议决机构批准后开始实施。在生态预算的实施中，首先要监测不同时间区间内各种自然资源消耗的实际值数，在预算期结束时，评估、比较预算指标与实际指标之间的差距；进而总结经验，找出不足，编制并审议预算平衡报告，制定下一轮预算。作为在自然资源配置及其管理过程中的一种新型政府工具，生态预算在推进城市自然资源的可持续利用中，更加有利于城市政府职能的充分发挥。

瑞典的维克舒尔城市政府就是全面推广环境管理“生态预算机制”的典范。作为欧洲人均排碳量最低的城市，早在 1969 年，维克舒尔政府就全票通过了实施有关环境政策的决定。目前，维克舒尔的气候政策框架主要包括三个领域的内容：日常生活、自然环境、“维克舒尔零化石燃料计划”。其中最受世界广泛赞誉的是维克舒尔政府所发展出一套城市环境管理的生态预算模式。该模式遵循“计划－行动－评估－政策”的循环，具体分为三个阶段：建立环境预算，实施计划方案，年度环境核算。政府每年制定生态预算，用于完成环境政策中的各项计划指标。每隔半年，政府会对预算及环境政策的实施效果进行评估与考核。通过政府可持续的行动计划，目前维克舒尔能够超前完成大部分环境目标。已经有 51% 的能源来自于生物能、水能、地热和太阳能。1993 ~ 2006 年的 10 余年间，维克舒尔的碳排量减少了 30%，人均排量仅为 3.232 吨，远低于欧洲（8 吨/年）和世界（4 吨/年）的平均水平，成为欧洲，乃至世界上人均排碳量最低的城市。

3. 强调环境信息公开制度

发达国家普遍高度重视环境信息透明。欧盟国家在环境信息公开机制上的立法与实践也均处于世界领先水平。欧盟环境信息公开立法的开端是 1990 年欧共体通过的《关于自由获取环境信息的 90/313/EEC 指令》，该指令首次将获取环境信息作为一种独立的权利在立法中予以保护，要求成员国向申请人个人提供环境信息，并向公众主动提供有关环境状况的一般信息。然后是 1998 年由联合国欧洲经济委员会制定并在奥胡斯通过的《公众在环境领域获得信息、参与决策和诉诸司法的公约》，该公约详尽地规定了环境信息的范围、信息公开的程序、豁免事由、救济措施等，为成员国规定了公众在环境领域获得信息、参与决策和司法救济的最低标准。之后是 2003 年欧盟通过的《欧盟关于公众获取环境信息的指令 2003/4/EC》，该新指令完善并取代了 1990 年旧指令，其中很多内容都是对《奥胡斯公约》中有关条文的具体化并有所发展。

欧盟环境信息公开机制的主要特点包括：一是明确对公众环境信息知情权的保障，即公共机关在一般情况下必须向申请环境信息的公众提供相关信息，只有在例外情况发生时才能拒绝提供，不仅例外情况受到严格解释，而且公共机关在拒绝申请时要将信息公开提供的公共利益与拒绝公开提供的利益进行权衡；二是强调政府等公共机构的责任，督促其主动地收集、整理信息，并以最快捷的方式向公众传播信息；三是对企业环境信息的公开采取强制性与自愿性手段相结合的方式，主导力量也不限于政府及公共部门，企业、社会力量亦发挥突出作用。公众只有充分获取环境信息，才能充分参与环境管理。因此，欧盟在该领域的立法和实践经验是值得借鉴的。

四、统筹协调机制

绿色发展不仅是为了实现绿色增长的核心目标，更多的还涉及社会进步、包容性增长以及环境资源可持续的诸多领域。资源环境的外部性特征决定了绿色发展亟须多方、多领域协调合作，也亟须实现生态效益、环境效益、社会效益和经济效益的统一。因此，多数政府都高度重视政府自身与企业、公众，各国及国内各区域、各行业之间等，不同层面、不同领域的统筹协调机制。

1. 中央与地方之间的统筹

发达国家在发展低碳经济过程中，处理中央与地方（政府）之间责权关系时主要体现为三种类型的统筹关系。

一是集权取向的统筹关系。中央政府不仅制定统一性的法令条款，对新能源提供实质的经济和政策优惠，而且对低碳减排列为某种必须执行的法律条文，甚至对很多地方政府或者相关企业提出明确的减排目标，要求其提供详尽的减排计划，并对减排结果进行评估以确定奖惩措施等。如，在日本这样地方权力并不占主导地位的国家，集权性的低碳城市推广战略就比较有成果。日本部署低碳城市间合作的特点是：把低碳战略置于国家战略高度；立法先行，政策扶持；在实践的过程中尤其强调政府的主导作用和各部门的共同参与；提倡使用清洁能源和再生能源，提高能源使用效能；倡导低碳的消费方式和生活方式；加大投入，注重低碳技术的研制和开发等。日本之所以采取这样权威的集权机制，很大原因是因为受地理环境等自然条件制约，全球气候变化对日本的影响远大于世界其他发达国家。集权式合作治理机制在日本得到了效果相当突出的实践。

二是支持取向的统筹关系。支持式治理机制指的是上级政府对下级政府提供实际的经济或者政策上的支持，帮助其推行新型能源或者建设更有效率的公共能源设施等。如，瑞典在温室气体减排上的卓著成效，很大程度上要归功于瑞典政府所实施的投资方案，包括一个地方投资项目和一个气候投资项目。前者始于1998 年，致力于增加社会的生态可持续性；后者则于 2002 年替代LIP，主要致力于温室气体的减排。从 1998 年到 2008 年，瑞典政府对该项目的投资不断加大，先后资助的环境项目总共大约有2700 项。据瑞典环境保护局 2008 年评估，所有这些投资给瑞典每年减排大约 210 万吨温室气体，相当于瑞典所有温室气体排放量的3%。类似的资助项目还有 2000 年成立的加拿大绿色城市基金及欧洲的《市长公约》。对于很多欧美国家来说，法制观念越强、经济发展眼光越长远的地区推行效果越好。

三是引导取向的统筹关系。在引导机制中，中央政府的角色主要是信息采集、知识传播和成功经验的普及等，目的在于提高地方政府的治理能力。很多国家的中央政府都编制了指导原则或绿皮书。如，在德国联邦政府早在 1997 年就提供给各市政府关于地方气候保护的指导原则。包括关于地方气候保护的总体方向，地方气候保护的发展步骤，经验交流等（甚至还包括对具体部门，如能源、交通、城市规划等提供具体建议）。这些指导机制治理还表现在地方上关于减缓和适应方面的行动建议。如，美国华盛顿州的金县政府、华盛顿大学地球科学中心、大气和海洋研究所共同合作撰写《气候变化：地方、地区和州政府指导手册》。在联邦制国家（如德国），中央政府主要通过引导的方式来帮助城市减排。这也说明单一制国家和联邦制国家应对气候变化的政策往往有所不同。

2. 跨区域环境治理的协作

以区域低碳治理和跨国城市联盟为代表的区域横向协作机制是多数先进国家致力于低碳发展所普遍采用的协调机制。横向协作，可以理解为地方政府与外界的一种沟通管理方式。它包括区域内城市与城市之间的协作，区域外城市之间的合作以及不同国家城市之间的合作。事实上，城市之间就气候变化政策进行横向合作，对于城市气候变化政策的成功实施非常关键。因为城市通常在很多重要领域如城市规划和交通中担负着重要职能，同时在城市之间进行横向协作，也有利于建成全国性的气候保护系统。

一是区域性统筹治理机制。成功的气候政策往往要依靠跨城市的基础设施建设。例如，德国的汉诺威地区原各个政府的地区协会和汉诺威县一起联手组成新的组织机构，共同负责这个新的大地区，即大汉诺威地区。原先是由汉诺威市府建立区域气候保护局，现在则由汉诺威地区当地各个政府的地区协会和城市水电公司等私营合作伙伴共同负责协调气候保护行动。

二是一国范围内的城市联盟。2005 年 2 月，美国西雅图的市长尼克斯牵头成立了美国气候协议市长大会，至今已有 900 多名市长加入。参加这一运动的市长必须承诺他们的城市达到《京都议定书》为美国设立的减排目标（比 1990 年的排放水平降低 7%）。同时，像欧洲的市长们一样，美国城市也开始在首都华盛顿特区进行游说工作，力图促进气候政策的立法进程。尽管这种城市联盟为气候治理提供了一种新的思路，但它们都是积极倡导者的联盟。

三是跨国性城市联盟机制。横向的合作不仅包括相邻城市的区域合作，而且包括地方政府的“外交活动”。许多低碳城市参加国内或跨国的城市联盟是横向合作的第三种形式。它们互相交流有效的创新举措，向国内外盟友学习，代表并保护成员的利益。近年来有很多城市结成了低碳运动联盟。有的是自上而下组建的，比如 C40 城市联盟是克林顿基金会应邀请和资助成立的。有的是自下而上组建的，比如保护气候运动城市联盟（CCP）、Climate Alliance 以及 Energie-Cités。这三个组织都成立于 1990 年代初，甚至早于 1992 年联合国气候和发展会议第一次将气候变摆到国际政治的议程上。这些联盟寻求大城市自愿减排温室气体的承诺，致力于提升成员城市应对气候变化的能力，互相交流经验教训和专业知识，在更高层面的讨论中代表成员城市的利益。

3. 提升公众参与的制度化

公众参与有利于提高自然资源管理决策制定的科学性和公平性，近些年来，政策制定者、专家或者利益代表者逐渐在公众决策问题上共同发挥着合作决策作用。这有利于提升公众对自然资源的保护意识，有助于培养公众可持续利用资源的价值观，使公众在参与过程中自觉意识到自然资源的稀缺性和保护资源的必要性。

早在 1979 年，美国环保署就在其颁布的法规中指出公众参与公共决策的重要性，并就公众会议、咨询小组、许可证实施细则、财政资助协议等做出相应规定。2003 年，美国环保署制定了《公众参与政策》，就促进公众参与提出了一系列要求。管理委员会模式是西方国家在自然资源管理中多采用的公众参与模式，管委会在公众参与过程中会提供顾问支持，公众通过参与管委会组织的论坛活动将自己对自然资源管理的具体建议和想法呈交给管委会。

此外，发达国家普遍意识到公众教育的重要性。因为仅凭政府自身不能解决环境问题，只有政府、企业、社会团体和公众达成共识才是实现可持续发展的有效途径。例如，日本已经形成了针对中长期目标的专业和非专业性正规教育，设立了对政府官员和企业管理人员的专门环境教育，对公众的社会性教育等，通过提高各界人士对环境保护的认知水平，规范其在工作、生产、消费和生活过程中的环境友好行为，推进全社会各阶层参与保护环境的行动。

总的来说，发达国家的公众参与机制可以归纳为如下四个方面的特点。一是参与行为的法制化：整个参与行为在国家法律层面上给予明确规定和保障。二是参与主导的非政府化：参与主导者逐渐由政府过渡到非政府组织，直至公众自觉参与。三是参与意识的持续增强化：由最初的探索性和感召性参与逐渐转变为自觉参与，这一转变过程主要是受参与意识增强影响。四是参与主体的广泛化：随着非政府组织的介入，参与主体队伍也随之扩大，特别是社区参与被公众广泛接纳后，社会间的互动性参与几乎覆盖全部公众。

五、创新驱动机制

每个社会对自身所熟悉的制度、技术会产生“路径依赖”。社会、经济惰性的增强会导致具有巨大收益的变革（制度或技术）短期难以改变人们的行为。而只有创新——打破既定的决策方式及措施，才能使增长不再以耗竭自然资本为代价；绿色产品、绿色技术、绿色市场及绿色产业的发展对于绿色转型有着事半功倍的效果。

1. 大力发展新技术和新产业

美国的页岩气技术革命具有代表性。金融危机之后，美国的页岩气产业的迅猛发展，引起了全球能源界的高度关注。在美国这一轮页岩气革命进程中，技术进步、政策扶持和需求扩大是直接推动该产业的三大因素。一是技术进步成为页岩气产业大发展的核心推动力。勘探开发技术的创新与推广是页岩气开发取得大突破的引擎，如水平井钻井、压裂技术，以及裂缝综合诊断技术的进步与广泛应用。2008 年 1 月，Barnett 页岩气产量已达到 0. 996 亿立方米/日。二是政策利好成为页岩气产业发展的重要支撑。由于页岩气资源在开发初期具有较大的风险，为打消投资者顾虑、保证投资者利益，美国政府在包括页岩气在内的非常规天然气勘探开发方面出台了许多优惠政策，包括基础研发投入、税收津贴、价格改革等方面。2004 年《美国能源法案》规定，10 年内政府每年投资 4500 万美元用于包括页岩气在内的非常规天然气研发。以 1978 年的《能源税收法案》为依据，美国政府先后实施了一系列鼓励能源储备、替代能源发展、替代燃料技术商业化等方面的税收激励或补贴政策，包括对页岩气的鼓励和扶持内容。三是天然气需求增长也是页岩气产业发展的重要动力。在国内常规天然气无法满足需求的形势下，加大对包括页岩气在内的非常规天然气资源的开发，成为美国能源战略的重要内容。

日本新能源汽车产业的强势崛起也具有代表性。日本是发展新能源汽车的先驱者，对于新能源汽车的推广也较为成熟。仅从市场规模来看，不难发现，日本新能源乘用车市场增长迅速，截至 2012 年底，日本仅混合动力车的销量已经接近 80 万辆。目前，日本已经成为全球最大的新能源乘用车市场（见表 8. 1），2012 年新能源车销量超过 80 万辆，2009 ~2012 年新能源车销量复合增长率达到 23%。

表 8.1 全球新能源汽车销量排名（2009～2012 年）

排 名	国 家	2009 年	2010 年	2011 年	2012 年
1	日 本	349359	484701	455550	812944
2	美 国	290851	271778	290849	519261
3	韩 国	2491	5266	19109	77003
4	法 国	10165	10195	12502	33425
5	英 国	14692	22310	24525	27416
6	德 国	8178	10656	14095	24650

日本新能源汽车产业的强势崛起可归结于四大原因。

第一，日本政府制定并执行有效的产业政策。从 1965 年启动电动汽车研制开始，日本就陆续出台了一系列产业政策以扶持新能源相关产业的发展。2010 年 4 月，日本正式发布《下一代汽车战略 2010》，作为下一代汽车发展的指导性文件，其中对新能源进行了定义，同时制定了新能源车型的普及目标，即到 2030 年新能源汽车占乘用车比例达到 50%～70%。在新的战略中，日本根据新能源技术发展状况设计了务实的应用路线图，认为需综合考虑技术成熟度、成本以及市场等情况制定技术研发优先顺序。

第二，重视技术标准的话语权，推动标准国际化。和其他产业一样，技术标准是新能源汽车发展的重中之重。日本积极谋求在电池、充电设备、新能源车安全等领域将日本国家标准提升为国际标准。日本是混合动力和电动车领域标准的开拓者，而美国和欧洲在相关领域的标准制定明显落后于日本。例如，日本是全球最早制定混合动力和电动车安全标准的国家。2010 年，日本开始推动联合国相关机构采纳其燃料电池汽车的安全标准；2011 年，日本又开始策划充电设施的标准化，并计划推动其成为国际标准。

第三，政府提供引导资金、推动产业研发联盟。政府投入巨资支持新能源汽车的技术研发和基础设施建设，仅2006～2009年日本政府就投入了4000多亿日元用于支持新能源汽车产业。政府同时大力推动“官产学”的研发联盟，联合攻克技术难关。例如，日本为攻克电池方面的关键性技术，由政府主导，建立了开发高性能电动汽车动力蓄电池的最大新能源汽车产业联盟，开发企业需要的共性基础技术。日本政府计划7年内对该项目投入210亿日元，通过开发高性能电动汽车动力蓄电池，在2020年前将日本电动车一次充电的续驶里程增加3倍以上。

第四，政府大力减税以鼓励购买新能源车，推动消费观念的转变。为了鼓励新能源产品的推广，日本政府陆续推出“机动车吨位税”及“机动车购置税”减免措施，并在2012年推出了直接补贴政策，鼓励消费者购买节能环保汽车。与此同时，日本政府也非常注意加强消费者环保意识。比如，各种商品的包装上都印有保护环境的宣传语。经过多年宣传和引导，日本市场消费者已经充分认识到新能源车的环保作用，并愿意购买相关产品。

德国的节能环保产业同样颇具代表性。德国政府通过增加环保技术创新的投资，鼓励私人投资，通过筹集公共和私人资金建立环保和创新基金，以此推动绿色经济的发展。近期提出的“工业4.0”理念也在很大程度上强调了绿色技术的研发支持和创新驱动。同时，德国为鼓励私人投资新能源产业，出台了一系列激励措施，使可再生能源项目均能得到政府资金补贴。政府向大的可再生能源项目提供优惠贷款，甚至将贷款额的30%作为补贴。政府还向可再生能源发电项目提供资金补贴，使德国风能发电和太阳能利用水平均处于世界领先水平。根据罗兰贝格的研究报告，到2030年德国环保产业产值将达到1万亿欧元，成为德国第一大产业。德国政府还严格执行环保政策、制定能源有效利用战略、扩大可再生能源范围、可持续利用生物智能、推动汽车业升级以及实现环保教育、资格认证等实践。

2. 刺激绿色消费和创新商业模式

以促进绿色消费为代表的需求创新机制已成为发达国家普遍采取的政策机制。近些年，全球范围内循环经济和消费升级的双重政策导向使得绿色消费的引领作用越来越明显。欧盟、日本等国在发展绿色消费方面走在了世界的前列，并创造了许多成功经验。

一是需求导向政策的推广。以丹麦的垃圾税为例，丹麦在回收处理消费过程中产生的垃圾时，有着严格的税收等级秩序。丹麦政府对城市居民生活垃圾处理实行按类收费与按量收费相结合的办法。一方面，对进行分类与未进行分类的垃圾区别定价，进行分类的垃圾收费低，未进行分类的垃圾收费高。同时根据垃圾处理方式的不同设定了不同的税率，对垃圾进行填埋处理的税率为375克朗/吨，焚烧处理的税率为330克朗/吨，而进行回收利用处理的则免税。另一方面，要求城市居民必须使用统一标准容器收集垃圾，制订好每装满一桶收取的费用，然后按照桶数计量总价。这样就通过税收这种经济手段有效地控制消费过程中垃圾废物的排放量，提高了废物回收的利用率。

二是商业模式的创新。以德国推行包装回收和垃圾处理产业化政策为例。在德国，循环经济最初被称为“垃圾经济”。由于处理垃圾所需要的投资规模巨大，唯一可行的方式就是推动垃圾处理的市场化和产业化。经过多年努力，德国现在已具有完备的垃圾回收组织管理体系。最典型的是 WEEE 废旧电子电器回收处理体系和 DSD 包装废弃物二元回收体系。德国现在至少有 500 家 WEEE 回收处理企业；DSD 包装废物二元系统体系则是一个面向家庭和小型团体用户的包装回收、分类和再循环的体系。DSD 是在德国联邦工业联合会和德国工商企业协会的支持下，由 95 家公司发起成立，已有会员近 2 万个。作为一个完全非盈利的组织，DSD 分为街头回收和上交式回收两个子系统，其资金来源主要包括向生产厂家授予绿色标志时收取的注册费，核定注册费的依据是包装的重量、使用材料的种类，以及与体积和占地面积相关的附加费等。正是借助于这种产业化模式，德国包装材料的回收利用率从 1990 年的 13.6% 上升到了 2002 年的 80%。产品包装的循环再生能力也相应的得到了加强，玻璃的再生利用率达到 90%，纸质包装为 60%。

3. 通过政府采购扩大绿色市场

发达国家十分重视政府在实施绿色消费过程中的巨大作用，

提出政府作为消费的主体进行绿色采购来拉动绿色消费的构想。政府以其强大的国家财政作为后盾，有计划、有目的地进行绿色产品及服务的相关采购，可以有效地引导企业和个人的消费方向。目前，欧盟、日本等发达国家都出台了政府绿色采购政策。

例如，欧盟2004年3月出台了《欧盟政府采购指令》，在这强制性法律文件中指出，采购进程中在选择技术规范和授予标准以及签署采购合同时，都需要纳入环境要求。2008年，欧盟的公共采购占其成员国GDP的14%，其中绿色采购占公共采购的平均份额为19%，瑞典达50%、丹麦40%、德国30%、奥地利28%、英国23%，均超过欧盟的平均值。统计显示，近几年欧盟国家政府采购额占其国内生产总值可达15%~25%，足见政府采购在绿色消费中的作用和潜力之大。

又如，日本2000年出台了《绿色资源购买法》，以法律的形式将政府绿色采购政策固定下来。该政策以政府强大购买力为依托，通过与绿色环保企业签订优先采购合同，来引导和支持环保企业生产绿色产品。政府机关可采用第三方认证体系或绿色产品信息系统作为采购绿色产品的参考准则。该法规定了国家机关和地方政府等单位有优先采购环境友好型产品的义务，并取得了较好的实施效果。统计表明，日本政府每年的绿色采购消费支出约占国内总消费的20%，如此巨大的政府绿色消费行为形成了实施绿色消费的巨大推力。

同时，绿色采购清单和绿色采购标准的发布机制是相应的补充。其中，绿色采购清单制度是国际上实施政府绿色采购的通行制度。如日本政府在环境机构的倡议下创立了采购商品的建议清单，清单中列明了绿色采购的商品类别指南以及各个类别的产品列表。美国环保署公布了环境友好型产品采购指南，要求政府选择采购指南中的绿色产品。同样的，绿色采购标准制度是与绿色采购清单制度相辅互补的一种制度，是指政府并不直接列出节能环保产品清单，而是由国家相关标准管理部门从节能、环保等多个方面对机械、电子、IT 产品、建筑、装饰、装修材料等制订明确的采购标准。绿色产品标准或清单为政府实行绿色采购制度提供了可供参考的标准，使得政府绿色采购更规范、更具可操作性。

六、主要结论与政策启示

发达国家“绿色新政”的核心目标是将高能耗、高消耗、高排放的传统经济发展模式，转变为低能耗、低消耗和低排放的“绿色”可持续发展模式。由于各国经济社会背景、发展目标和技术基础不同，其在发展低碳、循环经济的实践中采取了不同的发展战略和路径。OECD（2012）曾指出：一个经济体走向绿色增长的道路取决于它的政策及体制背景、发展水平、资源禀赋和特有的环境压力点。发达国家和发展中国家在绿色增长道路上面临着不同的挑战机遇，经济政治条件不同的国家也是如此。但是，妥善处理经济发展、社会进步与能源资源、生态环境、气候变化的关系，是当前世界各国面临的共同挑战，也是事关我国经济社会发展和人民福祉的重大问题。同时，无论哪种政策行动，都需要范围广泛的一系列体制机制创新作为基础。

为此，在归纳评述体制机制视角下绿色发展的国外先进经验基础上，结合我国当前国情，总结了五个方面的政策启示。

1. 绿色发展需要完善的法治体系和严格的执法、监督机制

适应绿色发展的法律法规体系设计的完备性、约束性、激励性、可操作性是所有相关政策机制与措施发挥作用的根本。完善的立法体系和及时的立法修订机制是基础，这绝不是鼓励制定一部高度综合性的环保大法就能“一劳永逸”，关键是通过完善的立法机制健全现有的环境法治体系、落实各项制度性治理举措，最大限度地保护公众利益。与此同时，实现严格、公正、有效的执法和监督是当前的最大挑战。国外许多先进国家的管理经验为我们提供了有益借鉴。此外，以法治为基础，顶层规划应采取自上而下与自下而上相结合的设计思路，充分考虑选项所涉及的广泛产业部门、经济系统目标以及对不同群体的影响。既要考虑经济意义上的中长期规划，也要考虑短期的特定部门目标；同时确立与愿景、目标相关的必要底线。

2. 绿色发展需要充分发挥市场机制的作用，激发各类市场与政策创新，加大对私人部门的激励

充分发挥市场机制作用是发展绿色经济的内在驱动力，市场化激励和改革也是保障绿色发展可持续的必由之路。在处理好市场与政府关系的基础上，探索生态补偿、排污权交易等经济型规制手段，激励形成全社会参与环保的稳定持续机制，通过设立基金、补贴、奖励、贴息、担保等多种形式，最大限度地发挥公共投入在市场机制下的“杠杆效应”。与此同时，要积极建立促进绿色发展的金融市场，包括利用恰当的信贷、债券、股权投资等金融产品工具，支持节能环保项目和企业的节能减排投资与创新；同时引导和督促金融机构防范风险、履行社会责任。还要进一步强化和实质性推进资源价格市场化改革，建立能够反映资源稀缺程度和环境成本的市场化价格形成机制；重点推进水、电力、煤炭、石油、天然气等关键性资源产品的定价机制改革。此外，公私合作被证明在管理能源资源、治理污染、节能减排以及循环经济等诸多方面十分有效，提高私人部门参与积极性、为创新者提供市场确定性，以紧密的公私关系来增加绿色投资。

3. 绿色发展要创新监管方式、改善规制手段，保证绿色发展中公共管理机制的公平、高效、透明

政府在为综合性、连续性的体制改革和机制创新进行决策时，必须解决市场失灵问题，应对政治经济的挑战，建立高效的治理与巩固机制，并且与相关政策加以整合。要采用实现短期效益与支撑长期转型的政策工具组合，包括激励性的财政或价格信号，授权改革的监管规则与标准，促进就业、公众参与的信息沟通、教育计划以及绿色创新改善国家竞争力等。提升政府管理公共投资效率，包括支持绿色发展的各级财政预算、绿色增长基金、贷款或股权投资机会。构建以规避财政风险、改善私人绿色投资回报为目标的政策工具，如优惠贷款、绿色信贷、保障通道及保险机制，并确保不产生挤出效应。此外，准确、及时、主动的环境信息公开制度对于提升公共部门公信力和透明度，强化公众参与式管理具有重要意义。

4. 绿色发展要注重统筹协调，重视和激励所有利益相关者，协调和改善中央与地方之间、不同区域之间、监管部门与公众之间的良性协同关系

统筹协调是全面推进绿色发展进程的重中之重，也是落实顶层设计的基础。必须高度重视所有利益相关者的诉求，平衡各方利益，改善各方关系。改善中央与地方的联动机制，通过财政激励、统一监管等方式支持区域发展；同时建立政策对话机制，提供成功试验的反馈机制，鼓励利益相关者积极参与各级政府的治理举措。此外，尽快建立融合关键政府部门和利益相关者的制度安排，保证其可计量性和透明性，通过合适的方式和渠道向有着不同利益诉求的受众和利益相关者及时分享监管与评价的信息，建立持续性的沟通机制，完善程序参与和冲突处理。有必要根据社会偏好和特定情境进行收益权衡，对相应的经济、社会和环境效益都需要建立识别、评估和沟通机制。相应的，在监管、评价中要强调利益相关者以清晰的定位与程序参与利益冲突的解决。

5. 绿色发展要大力扶持绿色技术、创新绿色产品、培育绿色产业，积极完善绿色发展的创新体系

绿色创新是国家经济转型和国家竞争优势构建的核心动力，绿色发展作为一种全新的发展观，依靠科技进步和产业创新是其在全球绿色转型中赢得优势地位的关键要素。不仅仅是政府要加大对绿色共性技术研发的支持和加快绿色产品、产业标准的建立完善，更需要通过机制创新激励包括企业、研发机构、服务中介以及各类社会组织的长期参与，并营造致力于绿色产业发展，积极利用全球资源的开放式创新环境。此外，在供给面和需求面政策工具的作用下，还应适时构建和实施具有前瞻性、可操作性的绿色发展技术路线图，突破技术和市场瓶颈，兼顾各区域的政策着力点，协同推进绿色转型。

执笔人：熊鸿儒

参考文献

[1] Global Green Growth Institute, Green Growth in Practice: Lessons from Country Experiences. 2014

[2] UNDP. A Toolkit of Policy Options to Support Inclusive Green Growth. 2013

[3] United Nation Conference on Sustainable Development. The Future We Want. 2012

[4] UNEP. Green Economy Report: a Preview. 2010

[5] UNEP. Driving a Green Economy Through Public Finance and Fiscal Policy Reform. France, 2010

[6] DB Climate Change Advisors. The Green Economy: The Race is on. 2010, 4

[7] OECD. 迈向绿色增长：给决策者的简介，2011

[8] 国务院发展研究中心，世界银行联合课题组 . 2030 年的中国：建设现代、和谐、有创造力的社会 . 北京：中国财政经济出版社，2012

[9] 杨朝飞，里杰兰德（瑞典）主编．中国绿色经济发展机制和政策创新研究．北京：中国环境科学出版社，2012

[10] 张军扩．绿色经济：新兴经济体实现可持续发展的必由之路．中国经济时报，2012－11－15

[11] 吕薇，石光．环境保护要约束与激励并举．中国经济时报，2013－11－21

[12] 马骏，施娱．绿色金融政策和在中国的运用．新金融评论，2014（2）